KEEP GOING→

クリエイティブと日課

浮き沈みから身を守り進みつづけるために

オースティン・クレオン AUSTIN KLEON　　千葉敏生 訳

実務教育出版

KEEP GOING
10 Ways to Stay Creative
in Good Times and Bad

by

Austin Kleon

Copyright © 2019 by Austin Kleon
Cover by Austin Kleon

Japanese translation rights arranged with
Workman Publishing Company, Inc.
through Japan UNI Agency, Inc., Tokyo.

FOR MEGHAN + OWEN + JULES
(THE REASONS I KEEP GOING)

メガン、オーウェン、ジュールズに捧ぐ
（僕が進みつづけられるのは君たちのおかげだ）

クリエイティブと日課
CONTENTS

① 毎日が新たな"目覚め" …… 12

② 至福の空間を作ろう …… 44

③ "名詞"は忘れて、"動詞"で生きよう …… 70

④ 贈り物を作ろう …… 84

⑤ 平凡 + 注目 = 非凡 …… 106

⑥ アートの怪物をやっつけろ …… 128

⑦ 考えは変わっていい …… 136

⑧ 迷ったら、整理しよう …… 154

⑨ 悪魔は新鮮な空気が苦手 …… 176

⑩ 庭に花を植えよう …… 188

OVERHEARD ON THE TITANIC

タイタニックで小耳に挟んだ

「ああ、確かに、沈んでいる」
でも音楽は抜群だ

"I mean, yes, we're sinking,"

But

the

music

is

exceptional

「僕はずっとクリエイティブでありつづけたいんだ。
何かを証明するためじゃなく、
ただそうしているだけで楽しいから。
クリエイティブであろうとすること、
常に忙しくしつづけることは、
生き生きと過ごせることとおおいに関係があると思う」

ウィリー・ネルソン
(アメリカのシンガーソングライター)

僕がこの本を書いたのは自分が読みたかったから

　数年前、僕はどうしようもないスランプに陥った。毎朝、起きてケータイでニュースの見出しをチェックするたび、昨日よりもイヤでくだらない世の中になった気がした。それまで、僕は10年以上も物書きやアートを続けてきたのに、創作がラクになる気配なんてまるでなかった。創作ってのは、続けていればだんだん簡単になっていくはずじゃないのか？

　気持ちがラクになったのは、創作はいつまでたっても簡単にはならないという事実を受け入れたときだった。世の中はくるっている。創作は難しい。人生は短いし、芸術は一生がかりだ。

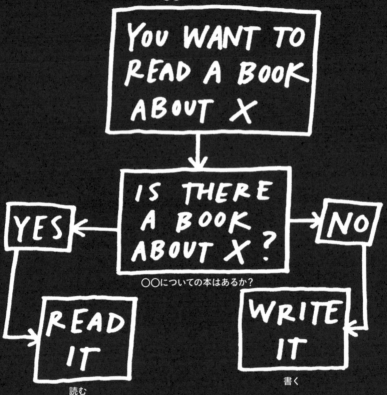

燃え尽きた人も、駆け出しの人も、やり直そうとしている人も、大成功した人も、抱えている疑問はみんな同じだ。前に進みつづけるには、どうしたらいい？

　この本には、僕が前に進みつづける支えになった10個のヒントがまとめてある。基本的には物書きやアーティストのために書いたつもりだけれど、これから紹介する原則は、起業家、教師、学生、退職者、活動家など、有意義で実りのあるクリエイティブな人生を送りつづけたいと思っている人なら、誰にでも当てはまる。その多くは僕があちこちから盗んだものだ。みなさんも、盗めるアイデアが見つかることを願っている。

　もちろん、決まりきったルールなんてない。人生はアートだ。科学じゃない。人生経験だって人それぞれ違う。君に必要なヒントだけをかいつまんで取り入れてくれたらうれしい。

　さあ、前に進みつづけよう。自分自身をいちばんに愛しながら。

　僕もそうするつもりだから。

EVERY DAY IS GROUNDHOG DAY.

毎日が新たな"目覚め"

1日ずつ、
前に進む

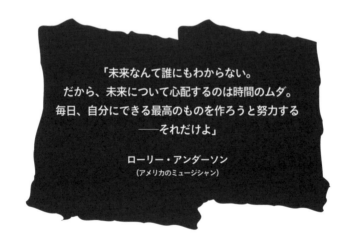

「未来なんて誰にもわからない。
だから、未来について心配するのは時間のムダ。
毎日、自分にできる最高のものを作ろうと努力する
──それだけよ」

ローリー・アンダーソン
(アメリカのミュージシャン)

最近、創作活動や創作人生のことを「創造の旅」と表現するのをよく聞く。この言葉を聞くたび、僕はきょとんとしてしまう。

　あまりにも大げさすぎる。まるで英雄みたいだ。

　僕が繰り広げている"創造の旅"といえば、家の裏口からガレージにあるスタジオまでのたった3メートルの通勤だけだ。毎日、机の前に座っては、何も書かれていない紙を見つめてこう考える。「昨日も同じことをしなかったっけ？」

　アートを制作しているときの僕は、大冒険を繰り広げるオデュッセウスよりも、山頂までせっせと岩を押し上げるシーシュポスの気分に近い。映画『スター・ウォーズ』の主人公ルーク・スカイウォーカーよりも、映画『恋はデジャ・ブ』（原題：*Groundhog Day*）の主人公フィル・コナーズの気分に近い。

　知らない人のために説明しておくと、『恋はデジャ・ブ』はビル・マーレイ主演の1993年のコメディ映画だ。マーレイ演じる気象予報士のフィル・コナーズは、時間の無限ループに閉じ込められて

しまい、毎朝、ペンシルベニア州パンクサトーニーで2月2日に目を覚ます。この日はグラウンドホッグデーと呼ばれる行事の日で、「パンクサトーニーのフィル」という現地の有名なハウンドドッグが冬眠から目覚めて自分の影を見れば、冬がもう6週間続くといわれている。パンクサトーニーはフィルにとって地獄のような町となる。彼は思いつくかぎりの手を尽くすが、どうしてもその町から抜け出せず、2月3日を迎えられない。こうして、彼にとっての冬が永遠に続く。何をしようと毎朝同じベッドで目を覚まし、同じ1日が待っているのだ。

　絶望したフィルは、ボウリング場併設のバーで酔っぱらいたちにこう訊ねる。「もし1つの場所に閉じ込められて、何をしようと同じ毎日の繰り返しだったらどうする？」

　それは、フィルが映画の筋書きを進めるためにどうしても避けては通れない疑問だった。と同時に、僕たちが人生の筋書きを進めるために避けては通れない疑問でもある。

　この疑問にどう答えるか——それが君のアートなんだと僕は思う。

every

Day

is

created
from scratch

『恋はデジャ・ブ』が現代最高の寓話かもしれないと思ったのは、僕が初めてじゃない。この映画の監督・脚本を手がけたハロルド・ライミスのもとには、司祭、ラビ、修道士たちから山のような手紙が届いたという。その全員がこの映画の宗教的なメッセージを絶賛し、自分たちの宗教に通じるところがあると主張していたそうだ。でも、クリエイティブな仕事をしたいと考えている人にこそ、この映画は特に大きな意味を持つと僕は思う。

　理由はこうだ。創作人生は一本道じゃない。点Aと点Bを結ぶ直線というよりも、むしろループや螺旋(らせん)に近いんだ。1つのプロジェクトを終えるたび、また新たな出発点へと戻ってくる。どれだけ成功しても、どんな偉業を成し遂げたとしても、ゴールに"到達"することはない。クリエイティブな人間にとっては、死以外にゴールも引退もない。ミュージシャンのイアン・スヴェノニアスはこう記している。「どれだけの偉業を達成したとしても、"さて、次はどうする？"という疑問からは逃れられない」

　僕の知る多作なアーティストたちは、例外なくこの疑問に答えている。彼らは、成功や失敗、世の中の混沌(カオス)と切り離された働き方の

パターンを見つけ出している。一言でいうと日課だ。自分が何に時間を費やしたいのかを明確にして、何があろうとも毎日それに取り組む。最新の作品がみんなに否定されようが、無視されようが、絶賛されようが、明日もまた同じように起きて、仕事に向かうと心に決めているんだ。

　人生をコントロールすることなんてまずできない。僕たちにコントロールできるのは、毎日をどう使うか、何にどれくらい懸命に取り組むかだけなんだ。こじつけに聞こえるかもしれないけれど、アートを作りたいなら、君自身を『恋はデジャ・ブ』の主人公に置き換えてみるのがいちばんだと思う。昨日は終わった。明日は二度と来ないかもしれない。あるのは今日だけ。さて、何ができるだろう？

「どんな人間も、1日だけなら戦い抜ける」。アルコール依存症者のために書かれたリッチモンド・ウォーカーの瞑想本『*Twenty-Four Hours a Day*（1日24時間）』のある段落は、そう始まる。「私たちが挫折してしまうのは、そこに昨日と明日という2つの恐ろしい永遠が加わったときだ。私たちの正気を失わせるのは今日の体験

ではない。昨日の出来事に対する後悔や苦しみ、明日の出来事に対する恐怖だ。だからこそ、1日ずつ生きていく努力をしよう」

　みんなに英雄と認められて、それからずっと幸せに暮らす──そんなのは創造の旅じゃない。本当の創造の旅とは、『恋はデジャ・ブ』のフィルのように、毎日やるべきことを抱えて目を覚ますことなんだ。

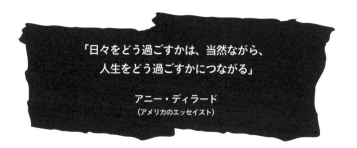

「日々をどう過ごすかは、当然ながら、
人生をどう過ごすかにつながる」

アニー・ディラード
(アメリカのエッセイスト)

日課を
確立する

> 「技術や習慣に頼るのは、
> 天才的ひらめきに頼るのと比べると、
> はるかに面白味がない。
> でも、それは正気を保つには最高の戦略なのだ」
>
> **クリストフ・ニーマン**
> (アメリカのイラストレーター)

調子のよい日も悪い日もある。やる気にみなぎる日もあれば、橋から飛び降りたい気分の日もある（それから、その両方の日も）。

　その点、日課は1日を乗り切り、最大限に活かすのに役立つ。「スケジュールは混沌(カオス)や気まぐれから私たちを守ってくれる」とアニー・ディラードは記している。「いわば、日々をとらえておくための網なのだ」。次に何をすればいいのかわからない？　そんなときは、日課が教えてくれる。

　時間が限られているなら、日課は少ない時間を有効活用するのに役立つ。時間がありあまっているなら、日課は時間のムダ使いを防いでくれる。僕は副業でものを書いていたこともあるし、家にいながらフルタイムで書いていたことも、小さい子どもの面倒を見ながら書いていたこともある。そういう状況のなかでものを書きつづけるコツは何だろう？　ずばり、スケジュールを立てて守ることだ。

EVERY DAY:
毎日の日課

- ☐ HEAR A LITTLE SONG
  ちょっとした歌を聴く

- ☐ READ A GOOD POEM
  一流の詩を読む

- ☐ SEE A FINE PICTURE
  良質な絵を見る

- ☐ SPEAK A FEW REASONABLE WORDS
  まともな言葉を話す

— GOETHE
ゲーテ

作家のメイソン・カリーは著書『天才たちの日課』で、起床時刻、仕事の時間、食べ物や飲み物の好み、先延ばしのしかたなど、161人のクリエイティブな人々の日課をまとめている。まるで人間の行動の生きたコラージュだ。作家たちの習慣について読んでいるだけで、人間動物園を訪れた気分になる。カフカは家族が寝静まる深夜に書き物をしたし、プラスは子どもたちがまだ眠っている朝に書き物をした。バルザックはコーヒーを1日50杯もがぶ飲みしたし、シラーは腐ったリンゴの匂いをかいだ。スタインベックは12本の鉛筆を削ってからいざ仕事に取りかかった。

　確かに、クリエイティブな人々の日課や儀式について読むのは楽しいけれど、しばらく読んでいて気づくのは、どんな仕事にも共通する完璧な日課なんてないということだ。「人間の日課というのは、妥協、強迫観念、迷信の独特な寄せ集めなのだ。それは試行錯誤を通じて築かれたもので、さまざまな外的条件に左右される」とカリーは記す。好きなアーティストの日課をそっくりまねして、君自身にも効き目があるなんて期待しちゃいけない。抱えている仕事、家族、友人関係は人それぞれだし、性格だって1人1人違う。

日課を確立するには、まず君自身の日々の生活や気分をしばらく観察するといい。君のスケジュールのなかで自由に使える時間は？　時間を作るために削れる予定は？　君は朝型？　夜型？（午後に仕事をするのが大好きだという人にはほとんど会ったためしがない。「この昼でも夜でもない中途半端な時間は嫌いだ」とチャールズ・ディケンズは記した）。クリエイティブな気分が湧いてくるくだらない儀式や迷信はあるだろうか？（僕は今、タバコにそっくりな鉛筆を唇からぶらぶらさせながら、この文章を書いている）。

the Muse is ready to surprise me if show up every day and say, "Wanna hang out?"

厳密な日課を牢獄にいるみたいだと感じる人もいると思う。でも、ある意味、誰もが"お勤め"をしていることに変わりはないんじゃないだろうか？　ラッパーのリル・ウェインが刑務所に入れられたとき、正直、僕は彼の日課がうらやましくてしょうがなかった。午前11時に起き、コーヒーを飲み、電話をし、シャワーを浴び、ファンレターを読み、昼食をとり、電話をし、本を読み、ものを書き、夕食をとり、腕立て伏せをし、ラジオを聴き、本を読み、就寝する。「刑務所に入ればいっぱい書けるかも」と妻に冗談を言ったくらいだ（かつて厳重な刑務所があったことで有名なアルカトラズ島を訪れたとき、作家がこもるには最適な場所だと思った。絶景なんだ！）。

　ちょっと牢屋にこもるだけで（それが君自身の作ったものなら）、自由になれる。日課は自由を狭めるどころか与えてくれる。人生の浮き沈みから君を守り、限られた時間、エネルギー、才能を最大限に発揮する力になる。日課は最高の仕事へとつながるよい習慣を築いてくれるんだ。

　何より、毎日に一定の型があれば、その型にはまらない日がもっと面白くなると思う。脱獄ほど気分爽快なものはないし、学校に通

っていなければ、ずる休みをしてもちっとも楽しくないからね。

　日課の中身そのものはあまり重要じゃない。肝心なのは日課があることだ。君なりの日課を築き、ほとんどの日は日課を守りつつ、たまに面白半分で日課を破ってみよう。そして、状況に応じて日課を見直していこう。

リストを作る

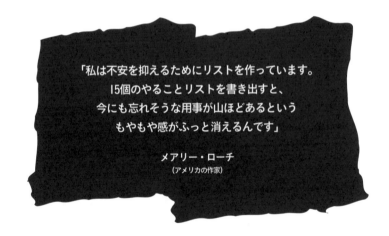

「私は不安を抑えるためにリストを作っています。
15個のやることリストを書き出すと、
今にも忘れそうな用事が山ほどあるという
もやもや感がふっと消えるんです」

メアリー・ローチ
(アメリカの作家)

リストは混沌とした世界に秩序をもたらしてくれる。僕はリストを作るのが大好きだ。人生を見つめ直したいときには、必ずリストを作る。リストを作れば、頭のなかの考えをすべて外に追い出し、心の中身を空っぽにできる。すると、なぜか自分の考えと向き合えるようになるんだ。

　やることがたくさんありすぎて途方に暮れてしまったときには、昔ながらの"やること"リストを作る。やらなきゃならないことを1つ残らずリストアップし、いちばん緊急性の高いものを選んで、その用事をすませる。終わったら、取り消し線を引いて、また別の用事を選ぶ。その繰り返しだ。

　僕の好きなアーティストのなかには、"描くもの"リストを作っている人もいる。現代美術家のデイヴィッド・シュリグリーは、今後1週間で描く50個のものをまとめた巨大リストを作る。リストを作っておけば、いざスタジオに入ってから「何を描こう？」と悩まなくてすむ。「僕が長年かけて学んだのは、開始点を設定すればいいということなんだ。開始点さえ設定してしまえば、あとは自然と作品ができあがっていく」と彼は言う。

SOME NOTES TO MYSELF →
自分用のメモ

HOW TO BE HAPPY
幸せになる秘訣

① **READ OLD BOOKS.**
昔の本を読む

② **GO FOR LONG WALKS.**
長い散歩をする

③ **PLAY THE PIANO.**
ピアノを弾く

④ **MAKE ART WITH KIDS.**
子どもとアートする

⑤ **WATCH SCREWBALL COMEDIES.**
恋愛コメディを観る

⑥ **LISTEN TO SOUL MUSIC.**
ソウル・ミュージックを聴く

⑦ **WRITE IN A DIARY.**
日記を書く

⑧ **TAKE NAPS.**
昼寝をする

⑨ **LOOK AT THE MOON.**
月を眺める

⑩ **MAKE DUMB LISTS.**
どうでもいいリストを作る

レオナルド・ダ・ヴィンチは"学ぶこと"リストを作った。彼は朝に目を覚ますと、その日に学びたいことを書き出した。

　いずれやりたいけれどすぐにやる時間がない用事は、生産性向上のエキスパートであるデビッド・アレンのいう"いつかやる／多分やる"リストに追加しよう。作家のスティーブン・ジョンソンは、「ひらめきファイル」というたった1つの文書を使って同じことをしている。彼は何かアイデアを思いつくたび、ひらめきファイルに追加し、数か月おきにファイルを見返しているらしい。

　時には、"やらないこと"リストを作るのも大事だ。パンクバンド「ワイヤー」のメンバーは、やりたいことについてはなかなかみんなの意見がまとまらなかったが、やりたくないことについては一致していた。そこで1977年、彼らはみんなで机を囲み、1つのルール・リストを作成した。「ソロはやらない。装飾しない。言葉が出なくなったらやめる。合唱しない。大声でロックしない。シンプルに。アメリカに迎合しない」。このリストが彼らのサウンドを特徴づけた。

何かを決断しなきゃならないときは、"利点と欠点"リストも役立つ。1772年、ベンジャミン・フランクリンはこのリストについて、友人のジョゼフ・プリーストリーにこう説明した。「紙の真ん中に線を引いて2つの列に分け、一方に利点、もう一方に欠点を書き出していく」。結婚するかどうかで迷っていたチャールズ・ダーウィンも、利点と欠点リストを作った。

　朝、行き詰まって、日記に書く内容がどうしても思いつかないときは、利点と欠点リストの修正版を作る。ページの真ん中に線を引いて、一方の列に感謝したいこと、反対側の列にお願いしたいことを書き出すんだ。要するに、短冊みたいなものさ。

THANKS FOR:
感謝

HELP ME:
願い事

A PAPER PRAYER
短冊

「リストとは目的を持ったコレクションである」とデザイナーのアダム・サヴェッジは記している。年末になると、僕は1年間の自分を振り返り、心に残った外出先、出来事、本、レコード、映画などの「トップ100」リストを作る。この方法は漫画家のジョン・ポルセリーノから盗んだものだ。彼は自身の同人誌『King-Cat』に「トップ40」風のリストを発表している（彼も大のリスト好きだ。彼は同人誌のストーリーや絵のアイデアを長々とリストアップしたあと、いざ机の前に座って絵を描きはじめる）。1つ1つのリストが、その年の"まとめ日記"みたいなものだ。過去を振り返って、変わったことと変わっていないことを確かめると、なぜかホッとするんだ。

心のよりどころが必要になったときは、「モーセの十戒」のオリジナル版を作る。「〜せよ」「〜するなかれ」という戒律をまとめたリストだ。よくよく考えてみれば、この本もその1つだ。

「リストはその人の過去と未来そのものだ。"今日じゅう""今週じゅう""いつか"に優先順位を分類して、常に持ち歩くといい。いつかはリストに項目を残したまま死ぬことになるだろうが、生きているあいだは、限られた時間のなかでできることの優先順位を付けるのに役立つ」

トム・サックス
(アメリカのアーティスト)

「1日を精一杯やり抜いたら、
そこで気持ちをリセットしなさい。
できるかぎりのことはやった。
間違いなく、愚かな行動や失敗もあったろう。
だが、そういうことはできるだけ早く忘れなさい。
明日は明日の風が吹く。
だから、明日という日を穏やかな心で迎えるのだ
──過去のつまらぬことに思い悩まなくてすむくらい、
意気揚々と」

ラルフ・ワルド・エマーソン
(アメリカの哲学者)

1日を精一杯やり抜き、そこで気持ちをリセットする

　思いどおりに行かない日もある。日課ややることリストはあくまでも"願望"にすぎない。ミュージシャンのジェリー・ガルシアはこう言った。「真珠を探しに潜ったのに、見つかるのは別の種類の貝ばかりってこともあるさ」

　大事なのは、何があろうとも1日を最後までやりきることなんだ。どんなにイヤな日でも、途中で投げ出さずに精一杯がんばり通さないといけない──明日という日を迎えられるように。小説家のナサニエル・ホーソーンは、5歳の息子と丸1日を過ごしたあと、日記にこう書いた。「ふう、なんとか無事に今日を乗り切った」。時に

は、それだけで十分な日だってある。

　1日が終わり、その日を振り返るときは、自分自身に優しくしてあげよう。ちょっと自分を許すだけでだいぶ違う。眠りにつく前に、今日達成できたこと、明日やりたいことをリストアップしよう。そうしたら、リストの内容をいったん忘れて、空っぽな心で枕に頭を乗せる。眠っているあいだ、無意識の脳に思考を整理してもらうために。

　一見するとムダに思える日にも、あとで目的、意味、価値が見つかるかもしれない。テレビゲーム・アーティストのピーター・チャンは、小さいころ絵を描くのが好きだったが、"失敗"すると怒りに任せて絵をくしゃくしゃに丸めていた。その様子を見た父は、「丸めないでそのままにしておきなさい。そのほうがゴミ箱にいっぱい入るから」と彼に言った。父の死後、チャンは父の遺品のなかに、「ピーター」という書類ケースを見つけた。開けてみると、捨てたはずの古い絵がぎっしりと詰まっていた。父がチャンの部屋にこっそりと忍び込み、捨てないほうがいいと思う絵を取っておいたのだ。

Did we survive the day? yes, the key question on those dark days

毎日が真っ白な紙みたいなものだ。絵を描き終えたら、取っておくことも、くしゃくしゃに丸めることも、紙の分別容器に入れてしばらく置いておくこともできる。その絵の価値は、時だけが教えてくれるんだ。

「毎日が新しい日だ。
がんばりつづければ、
何かが起こるかもしれない」

ハービー・ピーカー
(アメリカのコミック作家)

BUILD A BLISS STATION.

至福の空間を作ろう

自分自身と
つながるために、
つながりを断て

> 「世界に身を置かずして、
> 人生について何かを語るのは難しい。
> だが、再び世界と距離を置かずして、
> 人生とはいったい何か、
> 人生をどう語るのがいちばん正しいのかを
> 理解することもまた、不可能に近いのだ」
>
> **ティム・クライダー**
> (アメリカのエッセイスト)

創造性とはつ・な・が・り・だ。他人とつながっていなければ、刺激をもらうことも、作品を共有(シェア)することもできない。でも、創造性とはつ・な・が・り・を・断・つ・ことでもある。じっくりと考え、アートに打ち込み、みんなと共有するにふさわしい作品を生み出すまでのあいだ、世界とつながりを断つことが必要だ。見つけてもらう価値のある作品を作るためには、ちょっとしたかくれんぼをすることがどうしても必要なんだ。

　静寂や独りの時間は重要だ。でも、プッシュ通知、ニュース、連絡の絶えない現代社会で、アーティストが創作に集中するために引きこもるのはものすごく難しい。

　ジョーゼフ・キャンベルは著書『神話の力』で、誰もが「至福の空間」を作るべきだと述べている。

> 今朝の新聞にどんな記事が載っていたのか、自分の友達は誰なのか、誰に借りや貸しがあるのか──そんなことを完全に忘れられる部屋または時間を作らなければならない。いわば、本当の自分や自分の将来の姿を体感し、引き出す

ことのできる場所だ。それは創造力の孵化場(ふか)といえる。一見すると何も起こらなそうに思えても、神聖なる場所を築き、使っていれば、やがて何かが起こるだろう。

キャンベルは、部屋または時間と言っている点に注意してほしい。至福の空間は、場所だけじゃなく時間であってもいい。神聖なる場所だけじゃなく、神聖なる時間であってもいいんだ。

もちろん、特別な部屋と特別な時間、両方あれば最高だ。でも、僕の経験上、片方がなくてももう片方で十分に埋め合わせられると思う。たとえば、狭苦しいアパートに幼い子どもたちと一緒に暮らしているとしよう。神聖なる部屋はないけれど、神聖なる時間だけならある。たとえば、子どもが寝ているあいだ、学校や保育園に行っているあいだは、キッチンテーブルだって立派な至福の空間になる。逆に、スケジュールがまったく読めなくて、1日のうちで確実に空けられる時間がないなら、いつでも使える君専用の部屋が役に立つだろう。

THE BLISS STATION IN MY GARAGE

僕のガレージにある至福の空間

~~TURN ON~~
ログオンする

LOG OFF
ログオフする

~~TUNE IN~~
耳を傾ける

MUTE ALL
雑音を消す

~~DROP OUT~~
手を止める

CARRY ON
続ける

自分自身とつながれるよう、世界とつながりをいったん断つ——それを毎日の決め事にできれば最高だ。子ども、仕事、眠気。山ほど邪魔が入るだろう。それでも、自分だけの神聖なる空間、神聖なる時間を何としても見つけなきゃならない。

「あなたにとっての至福の空間はどこにあるのか。それを見つけなくてはならない」とキャンベルは言う。

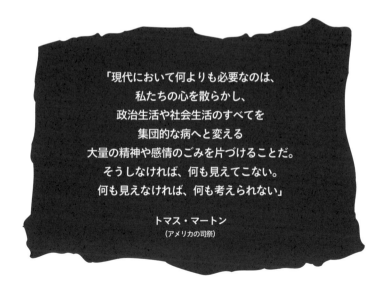

「現代において何よりも必要なのは、
私たちの心を散らかし、
政治生活や社会生活のすべてを
集団的な病へと変える
大量の精神や感情のごみを片づけることだ。
そうしなければ、何も見えてこない。
何も見えなければ、何も考えられない」

トマス・マートン
(アメリカの司祭)

ニュースなんて読まなくても、目は覚める

> 「誰もが1日じゅう
> 大量の情報を受け取っているせいで、
> 分別を失っている」
>
> ガートルード・スタイン
> (アメリカの小説家)

あるとき、僕の友達がふとこんなことを言った。「来る日も来る日も、イヤなニュースで目を覚ますなんて日々は、いったいいつまで続くのかね？」。僕は、そんなもので目を覚ますのは絶対にやめたほうがいいとアドバイスした。みんなも同じだ。

　朝起きていのいちばんに読まなきゃならないほど重要なニュースなんて、めったにない。起きてすぐにケータイやパソコンに手を伸ばせば、たちまち君の生活に不安や混沌(カオス)が入り込んでしまう。と同時に、クリエイティブな人間の生活のなかでも特に生産性の高い時間を、みすみす手放すことになるんだ。

　まだ頭がフレッシュで夢から覚めきっていない起床直後に、いちばん仕事がはかどることに気づいたアーティストは多い。映画監督のフランシス・フォード・コッポラは、早朝に仕事をするのが好きなのだと話す。「まだ誰も起きていないし、電話もかかってこないし、気が滅入るようなこともないからね」。僕の場合、いちばん気が滅入りやすいのは、朝一でケータイをオンにしたときだ。運よく気が滅入らなかったとしても、時間はムダになるし、頭のなかがぐちゃぐちゃになる。

もちろん、ニュースはいつ読んだとしても、頭のなかがぐちゃぐちゃになる。1852年、ヘンリー・デイヴィッド・ソローは日記のなかで、週刊紙を読みはじめたせいで自分自身の生活や仕事に十分な注目が払えなくなった気がすると嘆いている。「1日がもたらす富を理解し、自分のものにするには、1日以上の時間をかけねばならない」と彼は記した。「遠くで起きている出来事について読むと、近くで起きているなにげない出来事が見えなくなる」。彼は時間のムダだと判断し、週刊紙の『*Tribune*』を読むのをやめた。ソローがその週刊紙について嘆いてからおよそ166年後、僕は日曜紙を読むのがちょうどいい妥協だと考えている。日曜紙を読むだけでも、常識ある市民に必要な情報はほとんど得られるから。

　ケータイを目覚ましの道具に使っていて、そのせいで貴重な朝が台無しになっているなら、こんな方法を試してほしい。ベッドに入る前、ケータイを部屋の反対側にあるコンセントで充電する。または、ケータイを手の届かない場所に置く。そうして、目が覚めたら、なるべくケータイを見ないようにするんだ。

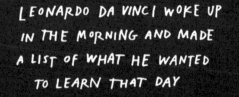

もっといい目の覚まし方はいくらでもある。至福の空間に向かう。朝食をとる。ストレッチ。軽い運動。散歩。ランニング。モーツァルトを聴く。シャワーを浴びる。本を読む。子どもと遊ぶ。しばらくボーッとする。朝に15分だけでも、イヤなニュースにまったく触れなくてすむ時間を作ろう。

　といっても、現実から目を背けるためじゃない。元気満々で仕事に向かえるように、心のバランスや正気を保つためだ。

　ニュースなんて読まなくても、目は覚ませるんだ。

> 「常に心の内側に目を向け、
> 広告、バカな人間、映画スターとは
> かかわらないようにしなさい」
>
> ドロテア・タニング
> （アメリカの画家）

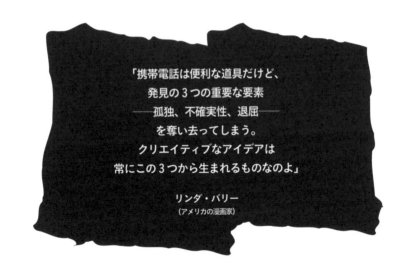

「携帯電話は便利な道具だけど、
発見の3つの重要な要素
——孤独、不確実性、退屈——
を奪い去ってしまう。
クリエイティブなアイデアは
常にこの3つから生まれるものなのよ」

リンダ・バリー
(アメリカの漫画家)

機内モードも
ひとつの生活スタイル

　アーティストのニナ・カチャドリアンは、今もなお進行中のプロジェクト「*Seat Assignment*（座席指定）」で、途切れ途切れの長い飛行機移動の時間を利用し、ケータイのカメラ、手荷物、機内にあるモノだけを使ったアートを制作している。機内誌のなかの写真に塩を振りまいて、不気味な心霊写真に見立てることもあれば、セーターに折り目を付けてゴリラの顔を作ることもある。機内のトイレでトイレットペーパーや便座カバーを身にまとい、自分自身の写真を撮り、古いフランドル派の肖像画を再現することもある。

　スマホ中毒の人々が多いなか、カチャドリアンはスマホをアート制作の道具に変える方法を見つけ出した。何より、誰にも何をしているのか気づかれずにすむ。「本物のカメラを取り出せば、"ほら

見て、私はアートを作っているのよ！"とアピールしているようなものでしょう？」と彼女は言う。でもスマホを使えば、退屈した旅行客が暇つぶしをしているようにしか見えない。2010年以降、彼女は機内で200回以上もこのプロジェクトに取り組んできたが、現時点では、何をしているのかと訊いてきた乗客はたったの3人しかいないそうだ。

　僕は最近、飛行機に乗るたび、「どんなアートが作れるだろう？」と考える。僕のライティングの教師は、ものを書くうえでいちばん大事なのはまず「椅子にお尻を乗せること」だとよく冗談を言っていた。その点、機内は仕事にぴったりな場所だと思う。いやでも電子機器を機内モードにしなくちゃならないし、文字どおり椅子に体を縛りつけられるわけだから。

having become

bored out of her gourd

the artist

started working

でも、地上で同じことができない理由はない。わざわざ飛行機になんて乗らなくても、機内モードは実践できるんだ。安い耳栓でも付けて、ケータイやタブレットを機内モードに切り替えれば、ありふれた通勤や長い拘束時間を、君自身や君の作品と向き合う機会に変えられる。

機内モードは単なるケータイ設定じゃない。1つの生活スタイルでもあるんだ。

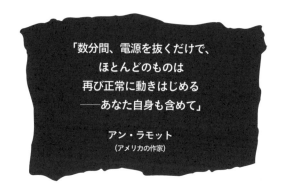

「数分間、電源を抜くだけで、
ほとんどのものは
再び正常に動きはじめる
——あなた自身も含めて」

アン・ラモット
(アメリカの作家)

「お断りします。理由は秘密です」

E・B・ホワイト
(アメリカの作家)

ノーと言える
ようになる

　君の神聖なる空間や時間を守るには、周囲からの色んな誘いを断るすべを身に付けなくちゃならない。「ノー」と言う方法を学ぶ必要があるんだ。

　作家のオリバー・サックスは、書く時間を守るため、自宅の電話機の横に巨大な「NO！」の文字を貼り出していた。建築家のル・コルビュジエは、朝に自宅のアパルトマンで絵を描き、午後になってからオフィスで建築の仕事に励んだ。「毎朝、絵を描いているおかげで、午後に頭がすっきり冴え渡るんだ」と彼は言った。彼は2つの人格をできるかぎり使い分けていて、絵には本名であるシャル=エドゥアール・ジャヌレと署名を入れていた。あるとき、彼が絵を描いている最中、記者が彼のアパルトマンのドアをノックして、

ル・コルビュジエと話がしたいと言った。すると彼は、記者の目をまっすぐに見てこう言った。「あいにく彼は不在でね」

　ノーの言い方自体も1つのアートの形だ。アーティストのジャスパー・ジョーンズは、特製の巨大な「欠席」のハンコを押して誘いを断っていた。作家のロバート・ハインライン、評論家のエドマンド・ウィルソン、『RAW』誌の編集者たちは、いずれもチェックボックス形式の定型の返信を用いていた。最近では、メールで誘いが来ることがほとんどなので、お断りの定型文を用意しておくと便利だ。作家のアレグザンドラ・フランゼンは、記事「誰にでも使える上手な断り方（How to Graciously Say No to Anyone）」で、次のような提案をしている。まず、自分を思い出してくれたことに感謝を述べる。次に、誘いを断る。最後に、可能なかぎり別の形での協力を申し出る。

DEAR _____,
さま、

THANKS SO MUCH FOR THINKING OF ME.
このたびは私のことを思い出していただき、ありがとうございます。

UNFORTUNATELY, I MUST DECLINE.
たいへん残念ではありますが、ご辞退申し上げます。

BEST WISHES,
どうぞよろしくお願いいたします。

_____

Say No

to

everyone

who

I s

not

me

ソーシャル・メディアは、"取り残される不安"という現象を生み出した。みんなのほうが自分よりも人生を楽しんでいるんじゃないか——SNSの投稿などを見ていて抱くそんな感覚のことだ。唯一の解決策は、その感覚を"取り残される喜び"へと変えることだ。ライターのアニル・ダッシュはこう説明する。「自分がすればきっと楽しいと思うけれどたまたましていないことを、誰かがしているという事実を知ったら、よかったねと喜んであげればいい。それを静かな楽しみにすることはできるし、またそうするべきなのだ」

　誰かに「ノー」と言うのは、とても難しい場合もあるけれど、時には君自身のアートや心の健康に対して「イエス」と言う唯一の方法でもあるんだ。

「私は世に背を向けて描いている」

アグネス・マーティン
(アメリカの画家)

FORGET THE NOUN, DO THE VERB.

"名詞" は忘れて、"動詞" で生きよう

「クリエイター」
は名詞じゃない

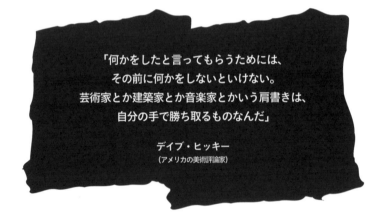

「何かをしたと言ってもらうためには、
その前に何かをしないといけない。
芸術家とか建築家とか音楽家とかいう肩書きは、
自分の手で勝ち取るものなんだ」

デイブ・ヒッキー
(アメリカの美術評論家)

多くの人が"動詞"をすっ飛ばして"名詞"になりたがる。やるべきこともしないで、先に肩書きをほしがるんだ。

　君のなりたいもの（名詞）はひとまず忘れて、そのためにすべきこと（動詞）に目を向けよう。"動詞"で生きていれば、もっと遠い場所、面白い場所にたどり着ける。

　君が目指す"名詞"の選び方を間違うと、"動詞"の選び方も間違うことになる。「クリエイター」を肩書きとして使うと、世の中の人々を「クリエイティブな人」と「そうでない人」に誤って二分してしまうばかりか、「クリエイター」の仕事は「クリエイティブであること」だと勘違いしてしまう。でも、クリエイティブであること自体は目的じゃない。何かをするための手段なんだ。クリエイティビティはあくまでも道具であって、リビングを整理するのにも、傑作絵画を描くのにも使えるし、一歩間違えば大量破壊兵器を設計するのにだって使える。「クリエイター」になりたいとばかり思っている人は、クリエイターの自分をアピールすることに夢中になりがちだ。デザイナー風のメガネをかけ、MacBook Proで文章を書き、太陽の降りそそぐスタジオで撮ったセルフィーをInstagram

に上げて……。

　肩書きは混乱のもとだ。肩書きを重視しすぎると、仕事のしかたを肩書きに寄せようとしてしまう。肩書きは君ができると思う仕事の幅を狭めてしまうこともある。自分のことを"画家"としか思っていない人が、本を書いてみたくなったら？　自分のことを"映画制作者"としか思っていない人が、彫刻も試してみたくなったら？

　何かをする前に肩書きを与えられるのを待っている人は、結局、何も始められない。誰かにアーティストと呼ばれるまで、アートを作るのを待つなんてバカげている。それじゃ、永遠に何も作れないんだ。

　念願の肩書き、つまり"名詞"をようやく手に入れたとしても、"動詞"で生きるのをやめちゃいけない。

　肩書きは君自身じゃなく、ほかの人々のためにあるものだ。君の肩書きを考えるのは、ほかの人に任せておけばいい。なんなら、名

刺なんて燃やしてしまおう。

"名詞"なんてきっぱり忘れて、"動詞"で生きよう。

> 「自分が何者なのかはわからない。
> ただ、1つのカテゴリーに分類されないことは
> わかっている。私はモノ、つまり名詞ではない。
> むしろ動詞、つまり進化のプロセスなのだと思う」
>
> R・バックミンスター・フラー
> (アメリカの思想家)

君の
本当の仕事は
遊び

　子どもは遊びを通じて世の中のことを学ぶ。「子どもの遊び」は簡単な物事を指して使われる言葉だけれど、実際に子どもが遊ぶ様子を見ていると、簡単とは程遠いことがわかる。「遊びは子どもの仕事」と幼児教育者のマリア・モンテッソーリは言う。僕の子どもたちは、遊んでいるとき、目の前の作業に没入している。レーザービームのように視線を凝らし、集中のあまり顔をしかめている。そして、自分の使っている道具が思いどおりに仕事をしてくれないと、とたんにかんしゃくを起こすんだ。

でも、最高の遊びには、ある種の軽さや、結果に対する無頓着さのようなものがある。息子のジュールズが2歳のとき、僕は息子が絵を描く様子を延々と観察した。そうして気づいたのは、息子が完成された絵（名詞）なんてまるで気にしちゃいないということだ。息子はひたすら絵を描くこと（動詞）に没頭していた。絵が完成すると、僕は絵を消すことも、ゴミ箱に捨てることも、壁に飾ることもできたけれど、息子はまるで気にする素振りもなかった。それから、絵を描く道具にも無頓着だった。紙にクレヨンでも、ホワイトボードにマーカーでも、家の私道にチョークでも、同じくらい楽しそうにしていた。屋外用の長椅子のクッションにチョークで絵を描きはじめたときは、さすがに止めるかどうか迷ったけれど（息子の絵があまりに上出来だったので、妻はその絵をクッションに刺繍することにした。それでも、やっぱり息子はまるで無関心だった）。

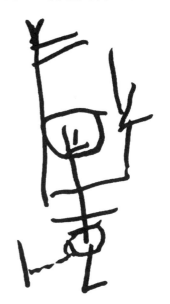

遊びは子どもの仕事であり、アーティストの仕事でもある。サンフランシスコのミッション地区を散歩していたとき、路上の画家の前で立ち止まって話をした。時間を彼がさいてくれたことに感謝し、仕事の邪魔をしたことを謝ると、その画家が言った。「仕事をしているつもりなんてないよ。どっちかというと遊んでいる気分なんだ」

　一流のアーティストは、生涯こういう遊び心を保つことができる。アートとアーティストの両方にとって最悪なのは、そのアーティストが結果にこだわり、重くなりすぎたときなんだ。

　軽さを保ち、子どものような遊び心を取り戻すコツはいくつかある。作家のカート・ヴォネガットは、高校生たちに手紙を送り、こんな宿題を出した。詩を書き、誰にも見せないままビリビリに破り、ゴミ箱に捨てるのだ。「それでも、詩を書いた甲斐は十分にあったと思うだろう。詩人に生まれ変わり、自分自身の内面について多くのことを学び、心を成長させることができたはずだ」。それこそがアートの目的なのだとヴォネガットは言う。「上手か下手かはともかく、アートを実践するのは、心を成長させる１つの方法なの

Looks Like

work.

but I think

of

it

as

play

"not how we do things"

we work hard

.A. T

play

だ」。彼は生涯同じようなアドバイスを繰り返した。彼は娘のナネットに、アートを作ったら「精神的な鍛錬」の一環として燃やすよう勧めた（作品を燃やすとすっきりする。アーティストのジョン・バルデッサリは、過去の自分の作品にうんざりし、すべて火葬して骨壺に入れた）。

遊び心を失ってしまったときは、練習のためだけの練習をしてみよう。わざわざ過去の作品を火葬する必要なんてない。ミュージシャンならレコーディング抜きでジャム・セッションをすればいいし、作家やアーティストなら文章や絵を描いて捨てればいい。写真家なら写真を撮ってすぐに消去すればいい。

新しいおもちゃほど楽しいものはない。使ったことのない道具や素材を探し、いじくって遊べる新しいモノを見つけよう。

こんなコツもある。何をしても楽しく思えないなら、あえて最悪の作品を作ってみるんだ。今まででいちばん醜い絵。滑稽な詩。不愉快な曲。わざと最悪のアートを作ってみるのも、けっこう楽しいものだ。

　最後に、小さな子どもと遊んでみよう。かくれんぼ。指でお絵描き。ブロックで塔を作ってぶっ壊す。君に合った方法なら何でもいいから、まねしてみよう。作家のローレンス・ウェシュラーは、作品の構成を考える段階になると、木製のブロックで遊ぶのだという。「娘にはそのブロックに指一本触らせないんだ。だって、僕専用だもの」

　考え詰めるのはよくない。いつでも軽い気持ちで。遊び心を忘れずに。

「バカになる練習をしないと。
余計なことを考えずに、頭を空っぽにするんだ。
そうすれば、きっとできるようになる。
たまにはひどい作品を作ってみるのもいい。
自分のなかで最悪だと思うような作品を作って、
様子を見てみる。
肩の力を抜いて、どうにでもなれと心のなかで叫ぶんだ。
君は世界に対して責任を負っているわけじゃない。
責任があるのは君自身の作品に対してだけだ。
だから、とにかくやってみるんだ」

ソル・ルウィットからエヴァ・ヘスへの手紙

MAKE GIFTS.

贈り物を作ろう

「お金のことを考えていると、
神様が部屋から逃げていく」

クインシー・ジョーンズ
(アメリカのミュージシャン)

君の
大切なもの
を守ろう

僕のムカムカする現代の文化的現象がある。

たとえば、きれいなスカーフを編める友達がいるとしよう。その友達は、長い電車通勤のあいだ、イヤなことを忘れ、時間をつぶすためによく編み物をする。

もう1人、ケーキを焼くのが大好きな友達もいる。会社の仕事を終えたあと、ストレス解消のために夜や週末を利用してケーキを焼いている。

その2人と君で別の友達の誕生日パーティに出席したとしよう。編み物好きの友達が誕生日の女の子に最近編んだばかりのスカーフをプレゼントする。すばらしい出来映えだ。

　近ごろだと、どんな反応が返ってくることが多いだろう？

「フリマアプリで売れるんじゃない？」

　誕生日の女の子がひととおりプレゼントを開けたあと、ケーキ作りの好きな友達がケーキをふるまう。全員の顔がほころぶ。

　みんな何て言うだろう？

「これならお店を出せるよ！」

　僕たちは商売の言葉を使って相手を褒めるよう刷り込まれている。何かの才能がある人を見たとたん、仕事にしたほうがいいと勧めるんだ。確かに、それは最高の褒め言葉だ。お金が稼げるくらい才能があると言っているわけだから。

HOW TO STAY ALIVE
生き生きと過ごす秘訣

① FIND SOMETHING THAT KEEPS YOU SPIRITUALLY ALIVE
精神的に生き生きとしていられる何かを見つける

② TURN IT INTO A JOB THAT LITERALLY KEEPS YOU ALIVE
それを文字どおり生きていくための仕事に変える

③ OOPS! GO BACK TO STEP ONE
おっとまずい！ ①へ戻れ

after he started

to Make Money

the work- was poor,

昔は趣味だったものが、今では"副業"に置き換えられている。社会の状況が悪化し、セーフティネットがなくなり、安定した仕事がどんどん少なくなるにつれ、かつて心のいやしとなり、仕事のことを忘れさせ、生きがいを与えてくれていた余暇が、収入源や本業をやめる手段としてとらえられるようになった。

　僕はものすごくラッキーな人間だ。ある意味、夢を叶えて生きている。どっちみちタダでもやるようなことをして、お金をもらっているんだから。でも、君の大好きなことを君自身や家族を養う手段に変えたとたん、状況はものすごく複雑になる。情熱を生活の糧に変えたことがある人なら誰でも、それが危険な道のりだと知っている。君の大好きなものを大嫌いになるいちばん手っ取り早い方法は、仕事に変えることだ。要するに、精神的に生き生きとしていられるものを、文字どおり生きていくための手段に変えることなんだ。

　情熱をお金に変えたら人生にどんな影響が出るのか、よくよく考えないといけない。もしかすると、本業を続けたほうが豊かな暮らしが送れると気づくかもしれない。

創作活動で生計を立てはじめたとしても、そのすべてをお金に変えるのは思いとどまろう。市場に流通させない作品、君自身のために取っておく作品を一部でも残しておくべきなんだ。

　といっても、アーティストやフリーランサーの生活はいつも経済的に厳しい。だから、君が理想とするライフスタイルを思い描き、そのための生活費を入念に計画し、お金のためにすることとしないことをきちんと線引きしよう。

　それともう1つ。アーティストとして創作の自由を最大限に高めたいなら、倹約が大事だ。自由な創作生活を送るうえで大切なのは、収入相応どころか収入未満の暮らしを続けることなんだ。

「好きなことで生きていけ！」という台詞をよく聞く。でも、そんなアドバイスを聞くたび、そこまで言うならお金のやりくりのしかたも一緒に教えてくれよ、と思わずにはいられない。

「好きなことで生きていく」＋　倹約　＝　よい人生
「好きなことで生きていく」＋「贅沢したい」＝　時限爆弾

「お金にならない趣味を持つことは、
いつだってすばらしいことだ。
だから、夢を追うのはいいが、
仕事に変わる寸前まで来たら、
反対方向に走り出せ」

デビッド・リース
(アメリカのコメディアン)

「数値化できるものがすべて重要なわけではないし、
重要なものがすべて数値化できるわけでもない」

ウィリアム・ブルース・キャメロン
(アメリカの社会学者)

数字を
無視する

　創作活動を台無しにしかねない基準は、お金だけじゃない。アクセス数、いいね、お気に入り、シェア、リブログ、Retweet、フォロワー数……。作品をデジタル化し、オンラインで共有した瞬間、さまざまなオンライン指標の世界に足を踏み入れることになる。

　オンライン指標はお金と同じくらいとらわれやすい。いったんオンライン指標にとらわれると、それがどれだけ薄っぺらい基準なのかを忘れ、指標だけを見て次に作るものを決めてしまいがちになる。でも、Amazonの売上ランキングを見ても、その本を読み返し、友達に貸すくらい気に入った人がいるのかどうかなんてわからない。Instagramの「いいね」の数を見ても、君の写真が1か月後も誰かの心に残っているかどうかなんてわからない。動画が1回再生さ

TO DO:
大事なこと

- **LEAVE MONEY ON THE TABLE**
  お金にこだわらない

- **FORGET TO TAKE THINGS TO THE NEXT LEVEL**
  そろそろ1つ上の段階に進もうなんて考えない

- **LET THE LOW-HANGING FRUIT FALL OFF AND ROT**
  低いところにぶらさがっている果実が落ちて腐るのを待つ

れるのと、1人の生身の人間が君のライブにやってきて踊るのとでは大違いだ。

ただのクリック数に果たしてどれだけの意味があるだろう？　今や、オンライン上のすべてのものは、一時的な注目、反射的なクリックを得るための"エサ"にすぎなくなっている。

だいぶ前に気づいたことがある。僕が作ってみんなと共有（シェア）したいものと、いいね、お気に入り、Retweetの数は、ほとんど比例しないんだ。ワクワクしながら作り上げた苦心の作を投稿したのに、ちっとも反応がないことはよくあるし、何の苦労もなく完成させたつまらない作品が、爆発的に広まることもある。オンライン指標ばかりを気にして作品を作りつづけていたら、心がもたないと思う。

作品をオンラインで公開するなら、ときどきでもいいから数字を無視してみよう。作品を公開してからしばらくフィードバックを受け取らない。作品を投稿して1週間たってから反応を確かめる。ブログのアクセス解析機能をオフにして、自分の好きなことを書く。ソーシャル・メディアの色々な数値を見えないようにするブラウザ

ーのプラグインをダウンロードする。

　作品を数値で測るのをしばらくやめれば、もういちど作品を質で測れるようになる。出来映えはどうだろう？　かなりいいほう？　それとも最高だろうか？　君自身は気に入っているか？　また、作品の絶対に測りえない側面にも着目できるようになる。その作品は君の魂を揺さぶるか？

「結果のためだけに
仕事ができるアーティストなどいない。
結果を得るまでの過程を楽しむことも必要なのだ」

ロバート・ファラー・ケイポン
(アメリカの司祭・料理人)

「金儲けのために何かを作ってはいけない。
どれだけ儲けても満足できないだろうから。
有名になるために作ってもいけない。
どれだけ有名になっても満足できないだろうから。
むしろ、人に贈り物をするといい。
相手がその贈り物に気づき、気に入ってくれると信じて、
ただひたすらに贈り物をするのだ」

ジョン・グリーン
(アメリカの作家)

ギフトの
ないところに、
アートはない

　誰でも成功とはどういうものなのかを知っている。少なくとも、その人なりの成功の定義がある（ちなみに僕の成功の定義は、僕自身が心に思い描いたとおりの毎日が送れていること）。

　一方、成功の仮面をかぶった"成功もどき"もある。自分自身じゃなくほかの誰かの目から見た成功。ラッキーな成功。自分では最悪だと思うものが成功したとき。単純に、成功することや成功を追い求めること自体に嫌気が差したとき。

「世の中には失敗よりもたちの悪い成功がある」と詩人のジャン・

コクトーが言ったのは、そういう意味だ。

　作家のルイス・ハイドは著書『ギフト』で、アートは贈与経済と市場経済の両方のなかに存在するが、「贈り物(ギフト)のないところに、アートはない」と主張している。アートがクリック数や売上といった市場的な要因に支配されたとたん、アートをアートらしくしている贈り物的な要素が失われてしまう。

　アーティストはみんな自分の作品に幻滅しては再び魅了されるというサイクルを繰り返している。才能が枯れ果ててしまった（または枯れかけている）と感じるなら、もういちど輝きを取り戻すいちばんの近道は、市場といったん距離を置き、贈り物を作ることなんだ。

　特別な人のために特別なものを作ることほど清らかな行為はない。僕の息子のオーウェンは5歳のころ、ロボットに夢中になった。だ

から、僕は自分自身や自分の作品に嫌気が差してくると、30分ほど手を止めて、テープと雑誌でロボットのコラージュを作った。僕がロボットを手渡すと、オーウェンはくるっと後ろを向いて、お返しとばかりに僕のためにロボットを作ってくれた。しばらくそんなやり取りを繰り返すうち、オーウェンはロボットに飽き（子どもなんてそんなものだ）、別のことに夢中になった。そのとき作ったロボットは、今でも僕のお気に入りの作品の1つだ。

君もぜひ試してみてほしい。調子が乗らず、思うような作品が作れないときは、君の特別な人のために、何かを作るんだ。君の作品を見てくれる人がおおぜいいるなら、その人たちのために何か特別なものを作って、プレゼントすればいい。もっといい方法もある。君の創作や仕事のしかたを誰かに教えてあげるんだ。さて、どんな感じだろう？　気分はよくなっただろうか？

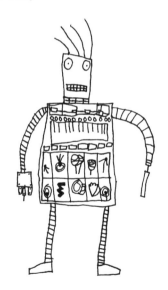

WHO ARE YOU TRYING TO IMPRESS?

IF YOU GET LUCKY ONE DAY AND A BIG AUDIENCE SHOWS UP FOR WHAT YOU DO, CHANCES ARE THERE WILL BE ONLY A HANDFUL OF PEOPLE WHOSE OPINION MEANS ANYTHING TO YOU, SO YOU MIGHT AS WELL IDENTIFY THOSE PEOPLE <u>NOW</u>, MAKE GIFTS FOR THEM, AND <u>KEEP</u> MAKING GIFTS FOR THEM...

君が感動させようとしているのは誰?

ある日、ふとした幸運で君の作品を見てくれる人がおおぜい押し寄せたとしても、
どう思ってもらえるかが君にとって重要な人はそのなかのほんの一握りだろう。
だから、そういう人々を今すぐ見きわめて、贈り物を作りつづけよう。

たった1人のための贈り物が、いつ世界じゅうの人々への贈り物に変わるかなんてわからない。たとえば、ベストセラー文学の多くが、子どもたちに読み聞かせるおとぎ話から始まった。児童文学作家のA・A・ミルンは、息子のクリストファー・ロビン・ミルンのために「クマのプーさん」を考え出したし、同じく児童文学作家のアストリッド・リンドグレーンは、病床にいる娘のカーリンから「長くつ下のピッピ」という女の子の話を聞かせてほしいとねだられて物語を考えた。作家のJ・R・R・トールキンは、作家仲間のC・S・ルイスに説得され、自分の子どもに読み聞かせていたおとぎ話を『ホビットの冒険』へと生まれ変わらせた。例を挙げればキリがない。

　贈り物(ギフト)を作ることで、自分の才能(ギフト)を呼び起こせるんだ。

「私はたった1人の心に
訴えかけることだけを考えている」

ホルヘ・ルイス・ボルヘス
(アルゼンチンの作家)

⑤

$$\frac{\text{THE ORDINARY} + \text{EXTRA ATTENTION}}{\text{THE EXTRAORDINARY}}$$

平凡＋注目＝非凡

必要なものは最初からすべて揃っている

> 「美を探し求める者は美を見つける
> ——それは今も昔と変わらぬ真理だ」
>
> **ビル・カニンガム**
> (アメリカのファッション写真家)

僕の尊敬するアーティストの1人は、修道女だった。

　1960年代、シスター・メアリー・コリータ・ケントは、ロサンゼルスにある女学校で美術教師をしていた。彼女はアンディ・ウォーホルの作品の展示会に刺激を受け、シルクスクリーン版画の制作を始めた。多くの人がごみやがらくた、目の毒だとしか思っていない街じゅうの広告や看板の写真を撮り、そこに文脈(コンテクスト)を無視した手書きのポップソングの歌詞や聖書の一節を付け加え、まるで宗教的なメッセージであるかのように印刷する。たとえば、食パンブランド「ワンダー・ブレッド」の包み紙をキリスト教の聖体拝領に関するメッセージへと変えた。食品会社「ゼネラル・ミルズ」のスローガン「The Big G Stands For Goodness（大きなGはおいしさのG）」をコピーし、ロゴの「G」が神様（God）を指しているかのように見せた。スーパーマーケット「セイフウェイ」のロゴを別々の単語（SAFEとWAY）に分割し、救いの道を示す標識へと変えた。あらゆるもののなかに神を見出すのは、神を信じる人々の大事な役目の1つだが、彼女はよりにもよって広告に神を見出した。ロサンゼルスの人工的な風景は、必ずしも真っ先に美を探すような場所ではないけれど、彼女はそこに美を見つけ出したんだ。

ケントはふつうのものを「ふつうと違うもの」に変えただけだと話した(彼女は「アート」よりも「ふつうと違うもの」という呼び方を好んだ)。「自分ではアートだと思っていません。自分の好きなものをもっと大きくするだけなのです」と彼女は言う。彼女は平凡な世界を眺める特別な方法を学生たちに教えていた。彼女はとある課題で、学生たちに"ファインダー"を作らせた。紙の真ん中に、カメラのファインダーのような四角い穴を開けたものだ。彼女は学生たちを校外学習に連れ出すと、世界を四角く切り取り、「見るという行為そのものに集中」し、今まで気づきもしなかったようなものを発見するよう指導した。

　一流のアーティストには、ありふれたもののなかに奇跡を見つける能力がある。私の好きなアーティストは、そのほとんどが平凡な状況や素材から非凡なアートを生み出した。コミック作家のハービー・ピーカーは、キャリアの大半をクリーブランドの退役軍人病院で書類整理係として過ごし、院内で集めたネタを棒線画による脚本へと変えた。それがやがて彼の傑作コミック『アメリカン・スプレンダー』へと生まれ変わる。詩人のエミリー・ディキンソンは、部屋で使い古しの封筒の裏に不朽の詩をつづった。ダダイストの芸術

telescopes see the light of the universe, using this trick known as Glass, it is our job to know where to look

家であるハンナ・ヘッヒは、日中の仕事で使っていたソーイング用の型紙をコラージュに用いた。写真家のサリー・マンは、バージニア州の農場で遊ぶ自分の3人の子どもたちの傑作写真を撮った。彼女の友人で画家のサイ・トゥオンブリーは、レキシントンにあるウォルマートの店外に座り、インスピレーションを求めてひたすら人間観察をした。

　平凡な生活を新しい生活に取り替えることさえできれば、創作活動に関する悩みはみんな解決すると思い込みがちだ。昼間の仕事をやめて、おしゃれな街に引っ越し、完璧な仕事場を借り、天才的な変わり者たちと付き合いはじめれば、成功は自分のものだと。

　もちろん、それは自分勝手な妄想だ。非凡な作品を作るために、非凡な生活なんて必要ない。非凡なアートを作るための材料は、日常生活のなかにちゃんと揃っているんだ。

　画家のルネ・マグリットは、アートを通じて「身の回りの平凡なモノに対する見方に新たな命を吹き込むこと」を目指していると語った。それこそ、アーティストが日々実践していることだ。アーテ

ィストは自分の身の回りの世界に特別な注目を向けることで、僕た
ちにもそうするよう教えてくれる。君の生活をアートに変える第一
歩は、君自身の生活に今まで以上の注目を向けることなんだ。

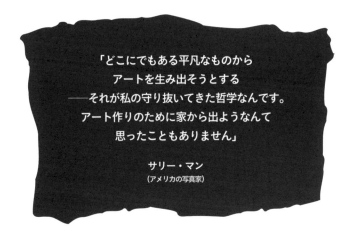

「どこにでもある平凡なものから
アートを生み出そうとする
——それが私の守り抜いてきた哲学なんです。
アート作りのために家から出ようなんて
思ったこともありません」

サリー・マン
(アメリカの写真家)

スローダウンして絵を描く

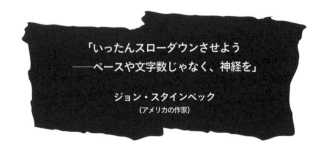

「いったんスローダウンさせよう
——ペースや文字数じゃなく、神経を」

ジョン・スタインベック
(アメリカの作家)

目まぐるしい速さで動き回っていたら、自分自身の生活にきちんと注目することなんてできない。ほかの人に見えないものを見るのが君の仕事だとしたら、それが実際に見えるよう、いったんスローダウンすることが大事だ。

　このスピード時代に、あえてスローダウンするには特別な訓練がいる。美術評論家のピーター・クロージアは、瞑想と出会い、自分がいかにアートを見ていないかに気づかされた。「美術館で、絵じゃなく壁の説明書きばかりを見ている自分に気づくことが何度もあったんだ」と彼は言う。彼はスローフードやスロークッキングなどの近年の運動をヒントに、画廊や美術館で「One Hour/One Painting（1つの絵に1時間）」イベントを開催しはじめた。参加者は1つのアート作品をたっぷり1時間かけてじっくりと鑑賞する。このイベントは人気となり、今では全国のいくつかの美術館で開催されている。ウェブサイトには、このイベントの理念がこうまとめられている。「ゆっくりと見れば、発見がある」

　ゆっくりと見るのはすばらしいことだけれど、僕は常に手を動かしていないとダメなタイプなので、スローダウンしてじっくりと生

活を見つめ直すための手段として、絵を描くようにしている。人間は大昔から絵を描いてきた。誰でも買える安価な道具さえあれば絵が描ける。絵を描くのにアーティストになる必要なんてない。目が1つか2つあれば十分だ。

「絵を描くというのは普段と別の見方をするということなんだ。それは大人になるとあまりしなくなることだ」と漫画家のクリス・ウェアは話す。人間は「記憶と不安の渦」のなかを堂々巡りしていると彼は言う。だからこそ、絵を描くという行為は、今という瞬間を生き、目の前にあるものだけに集中するのに役立つのだ。

　絵を描くというのは、実際のところ"見る練習"なので、絵がうまく描けなくても学べることはたくさんある。歳を取ってからスケッチする習慣を身に付けた映画評論家のロジャー・イーバートは、あるブログ記事で、「どこかに座ってスケッチをしていると、いやがおうでも描いているものを真剣に見つめざるをえない」と記している。彼にとって、絵とは「目の前の場所や瞬間をより深く体験するための手段」なのだという。

LOOK UP.

上を見よう。

絵を描くと、ものを見る力が上がるだけじゃなく、気分まで上がる。「スケッチブックを開いているアーティストはいつでも楽しそうに見える」とイーバートは指摘した。「絵は最高だよ」と作家のモーリス・センダックは言う。「人間の弱さ、性格の欠点、抱えている悩みがふっと消え去り、まったく気にならなくなる魔法の時間なんだ」

　ケータイのカメラは外の世界で見つけたものを記録するのに便利な道具だけれど、やっぱり絵には特別な力がある。世の暮らしをフィルムに収めた作品集「*The Decisive Moment*（決定的瞬間）」で知られる伝説の写真家、アンリ・カルティエ＝ブレッソンは、1960年代、昔好きだった絵を再び描きはじめた。彼は著者『こころの眼』で、写真と絵の違いについてこう記している。「写真は瞬時の反応だが、絵は瞑想なのだ」。2018年、大英博物館は、アート作品のスケッチに興味のある人々が増えていることに気づき、来館者に紙と鉛筆を提供しはじめた。あるキュレーターはこう指摘する。「紙と鉛筆が目の前にあると、見ている作品についてずっと深く考えられる気がするんです」

ちょっとだけスローダウンして、周囲の世界に注目するには、紙と鉛筆を手に取って目に映るものを描いてみるといい（鉛筆を使う最大のメリットは、邪魔なメールや通知が入ってこないところだ）。きっと、君が今まで見逃していた美を発見できるだろう。

　漫画家のE・O・プラウエンは言う。「絵を描くと、世界ははるかに美しくなる」

「絵こそ、私が世界を再発見しつづける方法だ。
絵に描いていないものは、
本当の意味で見えていないということを学んだ。
たとえ平凡なものでも、絵に描いたとたん、
それがどんなに非凡なものなのか、
奇跡的なものなのかに気づくのだ」

フレデリック・フランク
(アメリカの芸術家)

自分が何に注目しているかに注目する

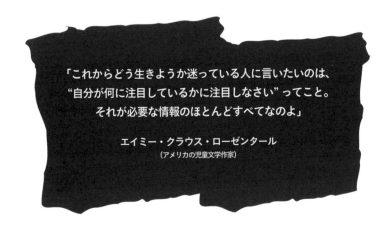

「これからどう生きようか迷っている人に言いたいのは、
"自分が何に注目しているかに注目しなさい" ってこと。
それが必要な情報のほとんどすべてなのよ」

エイミー・クラウス・ローゼンタール
(アメリカの児童文学作家)

君の"注目"は、君のいちばん貴重な財産の1つだ。だからこそ、みんなが君の注目を奪おうとする。大事なのは、まず君の注目を守ること。次に、その注目を正しい方向へと向けることだ。

　映画でおなじみの台詞を使わせてもらうなら、「おい、そいつをヘンな方向に向けるな！」ってことだ。

　君の人生や仕事は、君が注目すると決めたものでできている。「私の体験は、私が注目すると決めたものに等しい」と心理学者のウィリアム・ジェームズは1890年に記した。「私が気に留めるものだけが私の精神を形成するのである」

　僕たちは自分が本当に関心のあるものに注目するが、時には自分自身でも本当に関心のあるものが見えなくなっていることもある。僕が毎日日記を付けている理由はいくつもあるけれど、いちばんの理由は、自分の人生に注目するきっかけになるからだ。毎朝、椅子に座り、僕自身の人生についてつづっていくと、やがては僕自身の"注目リスト"ができあがる。日記を読み返す人は少ないけれど、日記は読み返すことで効果が倍増することに気づいた。僕自身

の注目のパターンや本当に関心のあるものに気づき、僕自身を深く知ることができるんだ。

どこに注目を向けるかがアートの第一歩だとすれば、自分が何に注目しているかに注目することが人生の第一歩だ。だから、君自身が何に注目しているかに注目する時間を定期的に設けよう。日記を読み返す。スケッチブックを見直す(漫画家のケイト・ビートンはかつて、絵の描き方についての本を書くとしたら、タイトルは『自分の絵に注目しよう』にすると語ったことがある)。過去に撮影した写真や映像を見直す。録音した音楽を聴き直す(音楽家のアーサー・ラッセルは、ウォークマンで自分の録音テープを聴きながら、マンハッタンじゅうを歩き回っていた)。君自身の過去の仕事を振り返るためのシステムがあれば、君が今までどんなことをしてきたのか、そして次は何をするべきなのか、その全体像がきっと見えてくる。

「注目すること
——それこそが
永遠に終わりのない
私たちの正式な仕事
なのです」

メアリー・オリヴァール
(アメリカの詩人)

A Person

This was not lost on   is

who

I

want to

be

人生を変えたいなら、注目する対象を変えるといい。作家のジェッサ・クリスピンはこう記している。「私たちは注目することでそのものに意味を与える。だから、注目を別のものに移せば、あなたの未来は一変するかもしれない」

　「注目はもっとも基本的な愛の形である」と禅師のジョン・タラントは記している。君自身の人生に注目すれば、アートの題材が見つかるだけじゃなく、君自身の人生を愛するきっかけにもなるんだ。

「君が注目しているものを教えてくれたら、
君が何者なのかを教えてあげよう」

ホセ・オルテガ・イ・ガセット
(スペインの哲学者)

6

SLAY THE ART MONSTERS.

アートの怪物をやっつけろ

アートは
人生のためにある
(逆ではない)

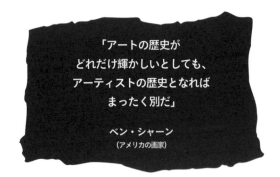

「アートの歴史が
どれだけ輝かしいとしても、
アーティストの歴史となれば
まったく別だ」

ベン・シャーン
(アメリカの画家)

アートに関する史上最悪の迷ゼリフを1つ挙げるとすれば、ドキュメンタリー番組「60 Minutes」のコメンテーター、アンディ・ルーニーが発したものだと思う。彼はバンド「ニルヴァーナ」のボーカリスト、カート・コバーンの自殺を受けてこう言った。「どんなアートもそれを作った人間に勝ることはない」

　数千年におよぶアートの歴史を見渡せば、変人奇人、愚か者、人でなし、変質者の作った傑作がいくらでも見つかる。彼らは間違いなく周囲の人々を犠牲にしていた。ジェニー・オフィルの小説『*Dept. of Speculation*』にある表現を借りるなら、こういう人々は「アートの怪物」と呼ぶにふさわしい。

　私生活がめちゃくちゃなのに、美しくて、心を打ち、誰かの役に立つ作品を生み出せる人もいる。そんな不条理な現実を受け止めるのは難しいし、つらいことだってある。この事実とどう向き合い、前に進むのか？　それを考えるのも僕たちの仕事の一部なんだ。

　誰の心にも、小さなアートの怪物が棲んでいる。人間は誰だって複雑だし、性格の欠点もある。ある程度は変人的な部分も持ってい

るだろう。アートのなかでは実生活よりも少しだけ立派な人間になれると信じていなければ、アートをする意味なんてどこにある？

　幸い、僕たちの社会はアートの怪物たちと向き合いはじめている。育児放棄の親、浮気者、虐待者、薬やアルコールの依存症者……。それが一流の作品を作る必須条件であるとか、芸術の才能があるなら多少の欠点があってもしかたないとかいう不愉快な神話は、少しずつ崩壊していっている。怪物みたいな人格の欠点があっても、偉大なアートさえ生み出せば「刑務所から釈放」カードがもらえた時代は、過ぎ去りつつあると思う。やれやれだ。アートの怪物はアートに必要なものでも、魅力的なものでもない。大目に見るのは間違っているし、見習うなんて言語道断だ。

　みんなの人生に新たな視点や可能性を与えるのが一流のアーティストだと思う。「純文学の作家を続ける目的は、人々を絶望から救うことだ」と作家のサラ・マンガソは記している。「誰かがその作家の作品を読み、結果として人生の選択を下したなら、その作家は立派な仕事を果たしていることになる」

POSSIBILITIES
可能性

- **GOOD PERSON** よい人間
- **MEDIOCRE PERSON** 平凡な人間
- **BAD PERSON** 悪い人間

- **GOOD ART** よいアート
- **MEDIOCRE ART** 平凡なアート
- **BAD ART** 悪いアート

単純にいえば、僕たちの人生を向上させるのがアートなんだ。

　アート作品そのものだけじゃなく、アートを作るプロセスについても同じことが言える。君がアートを作ることで、君自身や誰かの人生が台無しになるとしたら、そんなアートは作る価値がない。

「悩み多き人間は、アーティストになれば何もかも解決すると思い込みたがる。実際には、余計に問題が悪化するだけかもしれないのに」と作家で心理学者のアダム・フィリップスは述べている。「このアーティスト神話の犠牲になった人々はいくらでも思いつく。実際に彼らがするべきだったのは、別のことなのだ」

　もしかすると、君はアーティスト向きじゃないかもしれない。「子どもに算数を教えたり、フードバンクへの寄付を集めたり、幼児向けのルービックキューブを製造する会社を始めたりするほうが向いているかもしれない」とコメディアンのマイク・バービグリアは記している。「やめる選択肢も残しておくべきだ。この先、とんでもない量の仕事が待っているんだからね。別のところに時間を使うほうがよっぽど有効かもしれない」

君がアートを作ることで、世界が全体的に今よりも不幸になるとしたら、アートの世界からは足を洗って、別のことを始めたほうがいいと思う。同じ時間を使って、君自身や周囲の人々を元気にしてあげられることを見つけよう。

　世界は必ずしももっと多くの一流アーティストを求めているわけじゃない。世界が求めているのは、まともな人間なんだ。

　アートは人生の・ために・あるのであって、人生がアートのためにあるわけじゃない。

「私は向かいの老婦人の助けになるようなアートが作りたい」

クレス・オルデンバーグ
（アメリカの彫刻家）

YOU ARE ALLOWED TO CHANGE YOUR MIND.

考えは変わっていい

「一流の知性とは、
2つの相反する考えを同時に心のなかに抱き、
それでもなおかつ思考を機能させる能力のことだ。
たとえば、状況が絶望的であることを理解しつつも、
何とか状況を切り開こうと奮進できる人のように」

F・スコット・フィッツジェラルド
(アメリカの小説家)

変わることは
生きること

　気候変動についての新聞記事を読んでいたときのこと。気候変動の否定派から肯定派へと改心した人が、こんな話をしていた。「いちども何かについての考えを変えたことがないなら、自分の体をつねってみたほうがいい。死んでいるかもしれないから」

　最後に考えを変えたのはいつだろう？　僕たちは人にどう思われるかと心配で、考えを変えるのをためらってしまう。

　アメリカでは、ある考えを持ったら、生涯その考えを貫き通すのが美徳とされている。たとえば、政治の世界がそうだ。政治家がみんなの前で考えを変えたら、弱さの証、敗北の証とみなされてしまう。考えをコロコロと変えるなんてとんでもない。とたんに芯のな

い人だと思われてしまうからだ。

ソーシャル・メディアは全員を政治家へと変えた。つまり"ブランド"だ。今では、誰もが1つの"ブランド"とみなされている。この世界で最悪なのは、"ノーブランド"であることだ。

でも、"ブランド"があるということは、君自身や君の行動が100パーセント決まっているということだ。そうした確実性は、アートでも人生でも重視されすぎている。確実性が発見の妨げになることもあるんだ。

「私は探検をしている。
行き先は自分でもわからない」

マーシャル・マクルーハン
(カナダの文学者)

I thought I was wrong about everything

I was wrong about that, too.

THE DUNNING-KRUGER PRAYER

ダニング＝クルーガーの祈り

LET ME BE SMART ENOUGH TO KNOW HOW DUMB I AM AND GIVE ME THE COURAGE TO CARRY ON ANYWAY

どうか、自分が愚かだということがわかる程度の知性と、
そうわかっていても前に進んでいける勇気をください

＊ダニング＝クルーガー効果とは、コメディアンのジョン・クリーズが次のようにまとめている心理学的現象の一種。「愚かな人間は自分がどれだけ愚かなのかもわからない」

アートは不確実性の上にこそ花開く。作家のドナルド・バーセルミは、わからない状態こそがアーティストの本来の状態なのだと話した。音楽家のジョン・ケージは、仕事をしていないときはわかったつもりになっているが、仕事を始めてみると何ひとつわかっていなかったことに気づくと述べた。脚本家のチャーリー・カウフマンはこう述べている。「机の前に座ってはみるものの、はてどうしたものかわからない——ある意味、それが僕の仕事の一部なんだ」

　アーティストは、行き先や目的地が正確にわからなくてもとにかく仕事を始める。「芸術は希望の最高の形である」と画家のゲルハルト・リヒターは述べた。希望といっても、この先どうなるかがわかるという意味の希望じゃない。先が見えなくても前に進んでいけるという意味の希望だ。希望とは、不確実性との一種の向き合い方なんだ。「希望とは、わからないもの、そしてわかりえないものを受け入れることなのだ」と作家のレベッカ・ソルニットは記している。希望を持つには、自分がすべてをわかってはいないこと、これから何が起こるかはわからないことをまず認めなくちゃならない。可能性に心を開き、変わってもいいと自分に認めること——それこそが、前に進みつづけ、アートを作りつづける唯一の道なんだ。

もちろん、考えを変えるには、本当の意味で考える̇こ̇と̇が必要だ。そのためには、誰の評価も受けずに色々なアイデアを試せる環境がいる。考えを変えるには、間違ったアイデアも試せる場所が必要だ。

　残念ながら、インターネットはもはや安心して色々な考えを試せる場所とはいえなくなった。特に、一定の読者層や"ブランド"をすでに確立している人ならなおさらだろう（今さらだけど、"ブランド"ってなんてイヤな言葉だろう！　まるで、飼い主の焼き印を押された家畜みたいだ）。

　考えを変えるためには、"ノーブランド"でいることが必要なのかもしれない。そして、オ̇フ̇ラ̇イ̇ン̇はその打ってつけの場所だ。君の至福の空間、アトリエ、日記帳、プライベートな会話のできる部屋、最愛の人々であふれるリビング——本当の意味で考えるのにふさわしい場所はそこにあるんだ。

"考え"が合う人か、"心"が通う人か

> 「あなたがパーティで正直に
> "わかりません"と言い、
> 誠意を持って本物の会話を始めるのを、
> 世界は待っている」
>
> チャーリー・カウフマン
> (アメリカの脚本家)

I WILL NOT ARGUE WITH STRANGERS ON THE INTERNET.
I WILL NOT ARGUE WITH STRANGERS ON THE INTERNET.
I WILL NOT ARGUE WITH STRANGERS ON THE INTERNET.
I WILL NOT ARGUE WITH STRANGERS ON THE INTERNET.
I WILL NOT ARGUE WITH STRANGERS ON THE INTERNET.
I WILL NOT ARGUE WITH STRANGERS ON THE INTERNET.
I WILL NOT ARGUE WITH STRANGERS ON THE INTERNET.
I WILL NOT ARGUE WITH STRANGERS ON THE INTERNET.
I WILL NOT ARGUE WITH STRANGERS ON THE INTERNET.
I WILL NOT ARGUE WITH STRANGERS ON THE INTERNET.
I WILL NOT ARGUE WITH STRANGERS ON THE INTERNET.
I WILL NOT ARGUE WITH STRANGERS ON THE INTERNET.
I WILL NOT ARGUE WITH STRANGERS ON THE INTERNET.
I WILL NOT ARGUE WITH STRANGERS ON THE INTERNET.
I WILL NOT ARGUE WITH STRANGERS ON THE INTERNET.
I WILL NOT ARGUE WITH STRANGERS ON THE INTERNET.
I WILL NOT ARGUE WITH STRANGERS ON THE INTERNET.

「自分の頭で考えなさい」とよく言う。でも、それはムリな話だ。人間はほかの人がいなければ考えられない。

「ほかの人々とは無関係に何かを考えることなど不可能だ」と作家のアラン・ジェイコブズは著書『*How to Think*（思考術）』で記している。「思考というのは、見事なほど完璧に社会的なものなのだ。人間の考えることはすべて、ほかの人の意見や発言に対する反応にすぎない」

　ところが、現代社会では同じ考えを持つ人々やネットワークが寄り集まる傾向にある。しかも、その傾向はどんどん強くなっていっている。実世界では、その傾向は人々の住む場所にあらわれる（本人の意志なのかどうかは別として）。オンラインでは、人々の訪問するウェブサイトやフォローする相手にあらわれる。現に、オンライン・ネットワークのアルゴリズムは、僕たちの見たそうなものだけを表示するよう設計されている。

自分と意見の異なる人々と交流すれば、いやがおうでも自分の考えを見直したり、強化したり、改良したりせざるをえなくなる。いつも自分と同じ考えの人々とばかり交流していると、考えを変える機会はどんどん少なくなってしまう。同じアートが大好きで、同じ音楽を聴き、同じ映画をよく観る仲間と付き合っているときの気分がどういうものなのか、誰しも覚えがあるだろう。初めは心地よいけれど、だんだん退屈になってきて、やがては息が詰まってしまうこともある。

　ジェイコブズは、色々な考えを模索したいなら、"考え"が合う人ではなく"心"が通い合う人と付き合いなさい、と勧めている。性格がオープンで、人の話を聞く習慣を身に付けている人。心が広く、親切で、思いやりがあり、思慮深い人。君が何か言ったとき、即答しないでじっくりと考えてくれる人。要するに、一緒にいて気分のいい相手だ。

　少し前、ある読者からこんな感想をもらったことがある。彼は僕と政治的な意見が違うらしいけれど、どういうわけか僕の言うことは、自分の聞きたくない話でも無視したりはしないで、じっくりと

耳を傾ける気になれるのだという。彼はクリエイティブ精神にその理由があるのではないかと思った。今までにない美しいものを生み出そうと全力でがんばっている相手に感じる心の絆みたいなものだ。

　だから君も、そんな心の絆を感じる相手、"心"の通う相手を見つけよう。

過去を訪れる

「どの時代にも、独特なものの見方がある。
特定の真実を見出すのが妙に得意だったり、
特定の誤りを妙に犯しやすかったりする。
だからこそ、
私たちの時代に特有な誤りを正してくれる本が必要なのだ。
つまり、古い本だ。
確かに、未来の本も過去の本と同じくらい、
誤りを正すのに役立つだろう。
しかし、あいにく未来の本を読むことはできない」

C・S・ルイス
(イギリスの作家)

現代人のほとんどは、新しいものにこだわるあまり、みんな似たようなことを考えている。一緒に考えてくれる相手がなかなか見つからないなら、死者を当たってみよう。色々なことを教えてくれるし、最高の聞き役でもある。

　古い本を読もう。人類の歴史は長い。君の抱えている悩みについてすでに書いている人が、数千年前とはいわないまでも数百年前にはきっと1人くらいいるはずだ。古代ローマの政治家で哲学者のセネカは、古い本を読めば、著者の生きた年数ぶんの経験が君の人生経験に加わると述べた。「私たちにとって閉ざされた時代はない。私たちはどの時代にも近づけるのだ」と彼は記す。「とすれば、この短くて儚い時代を離れ、過去に全身全霊を傾けてはどうだろう。永遠で終わりがなく、賢人たちと過ごすことのできる過去に」。セネカはこれを2000年近くも前に書いたんだから、驚きだ！

　人間の人生の本質は、昔と比べて驚くほど変わっていない。老子の『道徳経』を読むと、古代の詩が現代の政治家に対する痛烈な批評そのものであることに驚かされる。ヘンリー・デイヴィッド・ソローの日記をちょっと読めば、高学歴で、職に恵まれず、政治に不

IF YOU CAN'T COME UP WITH YOUR OWN IDEA:

オリジナルな考えが思いつかないときは……

① IDENTIFY A POPULAR IDEA THAT YOU DESPISE AND WOULD LIKE TO DESTROY.

君が大嫌いでぶっ壊したいと思っている主流の考えを見つける。

② FIND AN OLD OPPOSITE IDEA THAT EVERYONE'S FORGOTTEN AND RESURRECT IT.

それとは正反対でみんなが忘れている古い考えを見つけ、現代によみがえらせる。

満を持ち、親と同居している植物好きの男の姿が浮かび上がってくる。僕のミレニアル世代の友達とウソみたいにそっくりだ。

　人間はとても忘れっぽい生き物だ。そんなに昔までさかのぼらなくても、僕たちが忘れていたことを再発見できる。ほんの2～30年前の本を開くだけで、ずっと埋蔵されていた宝箱を開けた気分になれるんだ。

　現代の生活の喧騒を逃れ、似たような考えを持つ仲間たちの輪を抜け出し、深い思考にふけるための近道を探しているなら、ちょっとだけ過去を訪れてみるといい。過去は尽きることを知らない。毎日、過去は増えていっているんだから。

WHEN IN DOUBT, TIDY UP.

迷ったら、整理しよう

道具は片づけ、素材は散らかす

「散らかり放題の机や床。
そこらじゅうに貼られた黄色の付箋紙。
走り書きでいっぱいのホワイトボード。
これらはみな、人間の思考の乱雑さが表に出たものだ」

エレン・ウルマン
(アメリカの作家)

片づけられない人間には、生きづらい時代になった。*Hoarders* や *Storage Wars* のようなお片づけ番組や、整然としたスタジオやきれいに"整理整頓"された仕事場を礼讃する山のようなブログが、"散らかっている＝悪"と決めつけ、整理に対する異様な執着を生み出している。その究極の象徴ともいえるのが、近藤麻理恵の超ベストセラー『人生がときめく片づけの魔法』だ。彼女のアドバイスは引き出しの靴下や台所の棚には効果てきめんかもしれないけれど、アーティストにとって役立つかどうかはかなり疑問だ。

　僕の仕事場は、僕の頭のなかと同じで、いつもちょっとだけ雑然としている。本や新聞があちこちに積み重なり、切り取った写真が壁に留められ、切り抜きが床を埋め尽くしている。でも、僕の仕事場が散らかっているのにはれっきとした理由がある。僕は散らかっているほうが好きなんだ。散らかった状態をわざと作っている。

　創造性とはつながりだ。そして、すべてのものを本来あるべき場所に収めていたら、つながりは生まれない。新しいアイデアは、モノとモノの意外な組み合わせから生まれる。そして、意外な組み合わせは、モノが本来とは違う場所にあるときに生まれるものなんだ。

仕事場が整理整頓されていれば、作業がより効率的になり、生産性が上がると思うかもしれない。確かに、作業を"実行"する段階ならそれは正しい。たとえば、版画家がこれから版画を刷ろうとしているなら、アトリエは整理されているほうがいいと思う。でも、次の版画の面白いデザインを考えるのには逆効果だ。生産性と創造性を同一視するのは間違っている。2つは同じものじゃない。いや、むしろ2つは反比例することも多い。生産性が低いときほど創造力が膨らむなんてことはよくある。

　もちろん、散らかっているほうがいいといっても限度はある。必要なものが必要なときに見つからなければ、作業ははかどらない。フランス料理のシェフには、「ミザンプラス（下準備）」という習慣がある。簡単にいうと計画と準備のことで、料理に取りかかる前に、必要な材料と道具をすべてきちんと揃えておく工程だ。「ミザンプラスは有能な料理人にとって儀式に等しい」と作家のアンソニー・ボーディンは著書『キッチン・コンフィデンシャル』で記している。「料理人の作業場やその状況、準備状態は、その人の神経系の延長なのだ」

SURROUND YOURSELF WITH THE MESS OF WHAT YOU LOVE

君の大好きなもので周囲を散らかそう

この「準備状態」という言葉こそ、僕たちがシェフから盗み取れるキーワードだ。ほとんどのアーティストは、お腹を空かせた食事客や衛生指導員を気にかける必要はないし、仕事場を完璧に掃除して整理する必要もない。作業を始めたくなったときにいつでも始められる"準備"さえ整っていればそれでいいんだ。漫画家のケビン・ハイゼンガは、スタジオが整理されているというのは必ずしも見た目が整理されていることではないと指摘する。「資料が床に散らばっているほうが、資料をしょっちゅう参照するので仕事がはかどるというなら、その状態にしておくのが正しいんだ」

　仕事場には、混沌(カオス)と秩序の適切なバランスがある。僕の友達のジョン・T・アンガーは、「道具は整頓、素材は散らかしっぱなし」をスローガンにしている。「道具はすぐに見つかるよう整理整頓しておいたほうがいい」と彼は話す。「でも、素材は相互作用を促すため、散らかしっぱなしにしておく。僕の作品のなかには、純粋な偶然でできたものもある。いくつかの素材が同じ山のなかで出会った瞬間、作品がほぼ完成してしまったんだ。でも、いざ使おうとしたときに必要な道具が手元にないと、それを探すだけで丸1日（またはやる気、インスピレーション）が吹っ飛んでしまうこともある」

整理とは
探し物

> 「いつだって探しているものは見つからない。
> でも、必ず別の何かが見つかるというのが
> 探し物の利点だ」
>
> アーヴィン・ウェルシュ
> (スコットランドの小説家)

僕はブライアン・イーノとピーター・シュミットの「オブリーク・ストラテジーズ」[訳注：創作のヒントになるような深い文章が書かれているカードのセット]にある格言の1つを、机の上にでかでかと掲げている。

迷ったら整理せよ。

あくまでも「迷ったら」であって、「いつも」じゃない。整理は行き詰まったときにするものだ。近藤さんには申し訳ないけれど、アトリエを整理したって人生はときめかないし、魔法もかからない。整理は"建設的な先延ばし"（別の作業をして本来の作業を先延ばしすること）の1つの方法なんだ。

整理整頓は、手を動かし、脳をリラックスさせることで、2つのメリットをもたらす。①行き詰まりを抜け出し、頭のなかで新たな問題を解決できる、②整理するうちに次の仕事につながる何かが見つかる。たとえば、整理を始めたら、書類の山のなかに眠っていた未完成の詩が見つかるかもしれない。エアコンの風でガレージの奥まで吹き飛ばされていた描きかけの絵が出てくるかもしれない。

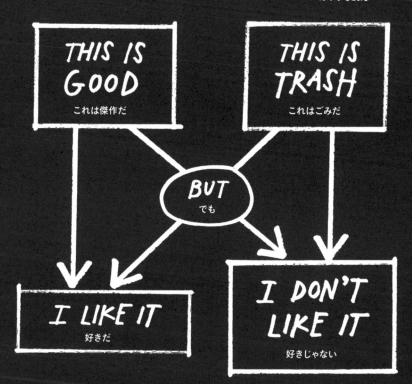

スタジオの整理は探し物に似ている。僕は片づけをするたび、色んなものを再発見する。僕が整理するのは部屋をきれいにするためなんかじゃなく、すっかり忘れていたけれど今なら使える何かともういちど出会うためなんだ。

　これは夢や瞑想のようなゆっくりとした整理の形だ。たとえば、ずっと前になくした本が見つかると、僕はページをパラパラとめくって今の自分へのヒントを探す。すると、まるで宇宙から届いた秘密の伝言みたいに、ふわりと紙切れが落ちてくることもある。

　つい本を読みふけってしまって整理を中断することも多い。これは近藤麻理恵のアドバイスとは正反対だ。本を整理するときは、「中身はけっして読まないでください。判断が鈍ってしまうことがあるから」と彼女は記している。そんなことはない！

　完璧にきれいにしようと思って整理すると、ストレスが溜まる。でも、自由気ままな整理は、心安らぐ一種の遊びになるんだ。

　だから、迷ったら整理をしよう。

睡眠は
脳を整える

「昼寝は僕の仕事のプロセスにとって
欠かせないものだ。
といっても、夢はどうでもいい。
大事なのは睡眠のあとにやってくる例の状態、
つまり覚醒中の頭脳なんだ」

ウィリアム・ギブスン
(アメリカのSF作家)

napping is considered a tactic, in My factory,

科学者や哲学者たちは、睡眠の正体や目的についてずっと考察しつづけてきた。そしてようやく今、アーティストたちがずっと知っていた事実にたどり着きつつある。睡眠は脳の整理にぴったりな道具なのだ。眠ると、頭のなかに溜まったごみが文字どおり洗い流される。神経科学者の説明では、睡眠中、脳脊髄液の流れが増加しはじめ、脳細胞内に蓄積した老廃物や有毒なたんぱく質を洗い流してくれるという。

　昼寝は多くのアーティストの秘密兵器だ。映画制作者のイーサン・コーエンは、自身や兄ジョエルの創作プロセスが「ほとんど昼寝でできている」と語っている。僕は昼寝を魔法の整理術の1つだと思っている。昼寝は時間のムダに見えるけれど、新しいアイデアにつながることも多いんだ。

　一口に昼寝と言っても、色んな形がある。画家のサルバドール・ダリは、よくスプーンを持ったまま昼寝をした。うとうとしはじめると、スプーンが落ちてビクンと目を覚ますのだが、おかげで超現実的な絵を描くのに必要な夢うつつな状態になれるのだ。作家のフィリップ・ロスは、父親からこんな昼寝術を学んだ。服を脱いで

毛布をかぶると、よく眠れるというのだ。「いちばんのメリットは、目が覚めてから15秒間くらい、自分がどこにいるのかわからないというところだ。僕は生きている――わかるのはそれだけ。そして、それはこの上ない至福の瞬間なんだ」

　僕の場合は、"カフェイン仮眠(ナップ)"をよく実践している。コーヒーか紅茶を1杯飲んで、15分間だけ横になる。そうして、カフェインが効いてきたら、すっくと起きて仕事に戻るんだ。

「眠ったまま、指や持ち上げたつま先で
天井にものを書けないことだけが、
無念でならない」

デントン・ウェルチ
(イギリスの小説家)

「今は分離の時代だ。
本来1つであるはずのものがバラバラになっている。
そして、すべてのものを
もういちど1つにすることなどできない。
だから、君は自分にできることをするよりない。
それは、本来1つであるはずの2つのものを、
もういちど一緒にすることだ」

ウェンデル・ベリー
(アメリカの小説家)

来たときよりも
きれいにして
帰る

　君にできる最高の整理の形は、スタジオや仕事場の外にある。周囲の世界の整理だ。

　作家のデビッド・セダリスは、根っからのきれい好きだ。彼の語る幼少期の話には、兄弟姉妹の話の次に掃除機がけや清掃の話が出てくる。彼は作家としてデビューしたときも、マンハッタンでハウスクリーニングの仕事をしていた。現在、彼はベストセラー作家として財を築き、ロンドン西部の村で暮らしている。そんな彼が1日の大半を何に費やしているかわかるかい？　道端のごみ拾いだ。

そう、現代の超人気作家が1日3〜8時間もごみ拾いに励んでいるわけだ。セダリスはあまりにもごみ拾いをしまくったので、地元のごみ収集トラックに「ピッグ・ペン・セダリス号」という名前が付けられたほどだ。近所の人々には、ごみ拾いのおじさんとしていちばんよく知られている。地元紙『*West Sussex County Times*』が彼の特集を組んだときも、なんと彼が作家であるという事実はいっさい出てこなかった。

　面白いのは、ごみ拾いがセダリスの作家の仕事とうまくかみ合っているということだ。彼は、多くのアーティストと同じで"ごみあさり"が得意だ。彼はごみという形で捨てられた人々の会話や体験をこっそりと収集し、エッセイとして再利用している（彼の日記集には『Theft by Finding（拾得物横領）』という抜群のタイトルが付けられている）。彼が印刷して季節ごとに製本している日記には、散歩中に見つけたごみの写真が載っている。

　アートは心が"ときめく"ものだけから作られるわけじゃない。アートは僕たちにとって不快なものや醜いものからも作られる。僕たちのいる世界を整理すること、混沌（カオス）から秩序を生み出すこと、ご

みを宝物に変えること、見えない場所に美を見出すことも、アーティストの仕事の一部なんだ。

アーティストが創作活動に用いているスローガンを見ていると、考えさせられるところがある。

世界に足跡を残せ。

宇宙に凹みを付けろ。

すばやく動き、どんどん破壊せよ。

こうしたスローガンは、世界が"足跡"やら"凹み"やら"破壊"を求めていると勝手に決めつけている。人間が宇宙に存在する意義は破壊行為なのだと。

でも、世界はとっくのとうに破壊し尽くされている。僕たちはもう十分にこの地球に足跡を残した。もう破壊者はいらない。必要なのは"掃除係"だ。世界をきれいにするアート、よりよくするア

ート、修復するアートこそが必要なんだ。

 だから、もっといいスローガンを探してみよう。医療の世界にはこんな言葉がある。

 何をおいてもまず、害をなすなかれ。

 または、公園でよく見かけるこんな掲示も使えるかもしれない。

 来たときよりもきれいにして帰りましょう。

 それが第一歩だ。

DEMONS HATE FRESH AIR.

悪魔は新鮮な空気が苦手

> 「歩いていて、
> 最高のアイデアに行き当たった」
>
> セーレン・キェルケゴール
> (デンマークの哲学者)

散歩は、悪魔退散の第一歩

 ほとんど毎朝、雨の日も晴れの日も、僕は2人の息子を赤い2人乗りベビーカーに乗せて、妻と一緒に近所を5kmくらい散歩する。くたびれる日も多いけれど、最高の気分になることもある。おしゃべりする。先の計画を立てる。政治の愚痴を言う。近所の人と立ち話をする。郊外の自然を観賞する。僕たちの1日にとっては絶対に欠かせない習慣だ。

 この朝の散歩こそ、アイデアが生まれ、本が練り上げられる時間だ。散歩は僕たちにとって欠かせないものなので、僕たちはアメリカ郵便公社の非公式のスローガンを座右の銘にしている。「雪でも

雨でも、暑くても真っ暗でも、私たちは予定の場所をすばやく回ります」。朝の散歩の前に約束や打ち合わせは入れない。近所の人に会うと、こんなふうに話しかけられることも多い。「いつも赤の大きなベビーカーで歩いているご夫婦ですよね？」

散歩は、頭をシャキッとさせたい人によくきく魔法の薬だ。古代ギリシアの哲学者、ディオゲネスは2000年以上も前にこう言った。「歩けば解決する」

街や田舎をぶらぶらと散歩した有名なアーティスト、詩人、科学者たちは挙げればキリがない。詩人のウォレス・スティーヴンズは、勤務先の保険会社までの行き帰りの道中に詩を作っていたし、哲学者のフリードリヒ・ニーチェは、湖周辺の散策中に多くの本を書いた。小説家のチャールズ・ディケンズは、ロンドンでの30km散歩について「遠くまできびきびと歩けなくなったら、私はきっと爆発して死ぬだろう」と記している。作曲家のルートヴィヒ・ヴァン・ベートーヴェンは19世紀のウィーン、ミュージシャンのボブ・ディランは21世紀のニュージャージーをうろうろしていて警察につかまった。コンコード郊外の森を1日4時間も散策していた作家のヘン

リー・デイヴィッド・ソローは、こう記している。「足が動きはじめた瞬間、思考が働きはじめる気がする」

　散歩は肉体、精神、心の健康に打ってつけだ。映画監督のイングマール・ベルイマンは、娘で作家のリン・ウルマンにこう言ったと

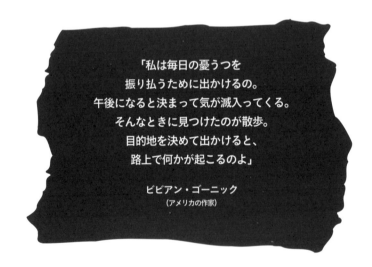

「私は毎日の憂うつを
振り払うために出かけるの。
午後になると決まって気が滅入ってくる。
そんなときに見つけたのが散歩。
目的地を決めて出かけると、
路上で何かが起こるのよ」

ビビアン・ゴーニック
(アメリカの作家)

いう。「何時に起きたとしても、散歩に出なさい。ベッドから出ると、悪魔が嫌がるから。悪魔は新鮮な空気が苦手なんだ」

　僕が朝の散歩で学んだのも同じことだ。そう、散歩は僕らのな̇か̇に̇い̇る̇悪魔を追い払う最高の方法なんだ。でも、それ以上に重要なのは、僕らの外̇に̇い̇る̇悪魔たちと戦う最高の方法でもあるってことだ。

　恐怖やウソを通じて僕たちを支配しようとする人々──大企業、マーケター、政治家──は、僕たちをケータイやテレビ漬けにしたがる。そうすれば、自分たちの世界観を押しつけることができるからだ。家の外に出なければ、散歩して新鮮な空気を吸わなければ、日常世界の真の姿は見えない。偽の情報を見分けるための視力を失ってしまうんだ。

　アートでは五感をフルに使う必要がある。僕たちの五感を呼び覚ますのがアートの役目だ。一方、ケータイやテレビの画面は、僕たちの五感や洞察力を失わせる。結果として、心が麻痺してしまう。「体で感じるということは、生命の力、生命そのものの力をうやま

い、喜び、人間の行なうすべての物事に立ち会うことだと私は思う」と作家のジェームズ・ボールドウィンはエッセイ『次は火だ』で記した。「この国の人々がそうであるように、自分自身の反応を疑い、喜びを失いはじめた人々には、とても不吉な出来事が降りかかる」。ボールドウィンは人間が感覚的な体験に頼らなくなっていることを危惧していた。「自分自身を疑う者には、現実を測る基準がないのだ」

　画面に釘づけになっていると、世界が非現実的なものに見えてくる。恐ろしくて、救う価値も過ごす価値もない場所に思えてくる。地球上の全員がイヤなやつやおかしなやつ、時にはそれ以上に見えてくるんだ。

　でも、外に出て散歩を始めたとたん、五感が働きはじめる。もちろん、おかしなやつやイヤなやつもいないではないけれど、外の世界は捨てたものじゃない。笑っている人々。楽しげに鳴いている鳥たち。頭上を流れる雲。そこには無限の可能性がある。散歩は、絶望的な気分になったとき、人生に可能性を見出す1つの手段になるんだ。

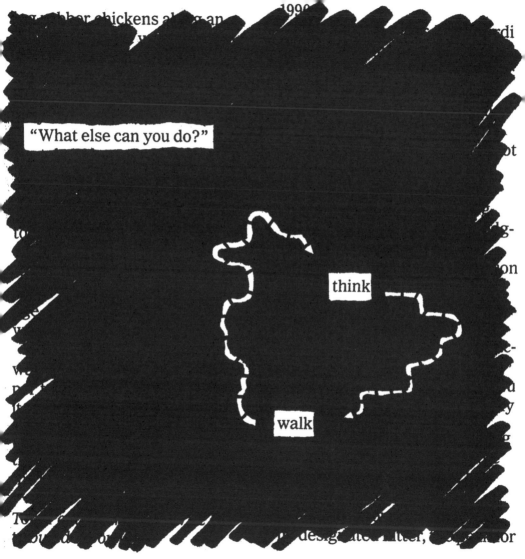

だから、毎日外に出かけよう。1人で長い散歩を楽しむのもいいし、友達、最愛の人、犬と歩くのもいい。昼休みに同僚と歩くのもいいし、ビニール袋とごみばさみを持って、デビッド・セダリスみたいにごみ拾いをしながら散歩するのもいい。ときどき立ち止まって、思いついたことや見たものを記録できるように、ノートやカメラを持っていこう。

　徒歩で世界を探索しよう。街をぶらぶらしよう。近所の人と挨拶しよう。知らない人と会話をしよう。

　悪魔は新鮮な空気が苦手だから。

「外に出て、散歩する
──それが人生の喜びだ」

マイラ・カルマン
(アメリカのイラストレーター)

PLANT YOUR GARDEN.

庭に花を植えよう

創造性には
四季がある

　コリータ・ケントは、ロサンゼルスで30年間、修道女として過ごしたあと、のんびりとアートに専念するため、国の正反対にあるボストンへと移った。部屋には大きな出窓があり、家の前にはカエデの木が生えていた。彼女はよくその窓の前に座って、カエデの木が四季を通じて変わっていく様子を観察した（ロサンゼルスや、ここテキサス州オースティンで同じことをするのは難しい。季節が"夏"か"真夏"の2つしかないからだ）。

　彼女の教え子だったミッキー・マイヤーズはこう話す。「人生最後の20年間、その木が彼女の偉大な教師だった。彼女はその木に教えられたの——その木が春に作り出す美しさは、冬に経験した出来事があってのものだということを。冬が厳しければ厳しいほど、そ

の次にやってくる春が輝かしいものになるのよ」

　あるとき、記者がケントのもとを訪れ、最近は何をしているのかと訊ねた。「そうねえ、お庭のカエデの木の成長を観察しているの。今まで、木をじっくりと観察する時間なんてなかったから」と彼女は答えた。

　10月、彼女が部屋に引っ越してきたころは、葉が青々と茂っていた。秋、その葉が1枚、また1枚と散っていった。冬、木は雪にすっぽりと覆われた。春、小さな花が咲き、まったくカエデの木に見えなくなった。そしてまた、葉が茂りはじめ、木は引っ越してきたときの姿に戻った。

「ある意味、私自身の人生とよく似ている」と彼女は言う。「ほかの人が気づくかどうかはわからないけれど、私のなかでとっても静かに新しいことが巻き起こっている気がする。そして、どういう形かはわからないけれどそれはカエデの木と同じように、きっといつか一気に開花するのよ」

ケントにとって、そのカエデの木は創造性の象徴だった。木と同じように、創作活動にも四季がある。重要なのは、君が今どの季節にいるかを知り、それに応じた行動を取ることなんだ。「冬、木は死んだように見えるけれど、内部ではとても奥深いプロセスが始まっている。そこから春と夏がやってくるのよ」

　コメディアンのジョージ・カーリンは、目に見える前進にこだわる人が多すぎると嘆いた。「ひたすら上昇しつづけなければならないというのがアメリカの考え方だ。生産性も、利益も、時にはコメディさえも」。彼は内省する時間が少なすぎると感じていた。「膨らむ前にいったん縮む時間もなければ、少しずつ成長していく時間もない。失敗から何かを学ぶ時間も。でも、それは自然の摂理に反している。自然は循環するものなんだ」

　君自身の創造力のリズムや周期に着目して、オフシーズンにはじっと耐えるすべを学ぼう。君自身の行動パターンを変え、じっくりと観察する時間を設けよう。「過ぎていく季節のなかで過ごしなさい」とヘンリー・デイヴィッド・ソローは記している。「1つ1つの季節の影響に身を委ねるのだ」

~~SECONDS~~ 秒	HEARTBEATS 心臓の鼓動
~~DAYS~~ 日	SUNRISES 日の出
~~WEEKS~~ 週 ~~MONTHS~~ 月	MOON PHASES 月の満ち欠け
~~QUARTERS~~ 四半期	SEASONS 季節
~~YEARS~~ 年	THE RETURN OF SPRING 春の訪れ

君自身の四季を知る1つの方法は、ケントやソローにならい、自然の四季を観察することだ。1年間、毎週同じ木の絵を描きつづける。ちょっとした天文学をやってみる。1週間、日の出と日の入りを観察する。何度か満ち欠けを繰り返すまで、毎晩月を観察する。時間の流れを体で感じ、気持ちがリセットされるかどうか、気分がどう変化するかを確かめてみよう。

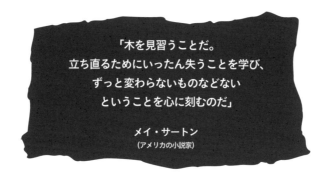

「木を見習うことだ。
立ち直るためにいったん失うことを学び、
ずっと変わらないものなどない
ということを心に刻むのだ」

メイ・サートン
(アメリカの小説家)

人生にも四季がある。早咲きの人もいれば、遅咲きの人もいる。僕たちの社会は早咲きの人を称賛し、若き成功者をもてはやす。でも、早咲きの人は、散るのも同じくらい早かったりする。だから、僕は雑誌の発表する「35歳未満の35人」とかいうリストは読まないようにしている。僕にとって興味があるのは、一年草じゃなく多年草なんだ。僕が読みたいのは、どちらかというと「80歳以上の8人」リストだ。

　30歳の人間がどうやって金持ちで有名になったかなんて、知りたくもない。僕が知りたいのは、80歳の無名の人間が今までどう生き、アートを作りつづけ、幸せな人生を送ってきたかだ。写真家のビル・カニンガムが毎日どう自転車にまたがり、80代になってもニューヨークじゅうを走り回って写真を撮りつづけたかだ。コメディアンのジョーン・リバーズがどうして死の直前までジョークを言いつづけられたかだ。チェリストのパブロ・カザルスがどうして90代になっても毎朝チェロの練習を続けられたかだ。

　自分が生き生きと過ごしていられる何かを見つけ、実践しつづけた人々。自分自身の種を蒔（ま）き、辛抱強く世話をし、長く残るものへ

と育て上げた人々。そんな人たちこそ、僕のインスピレーションの源なんだ。

　僕もそんな人間の1人になりたい。80代にしていまだ現役の画家、デイヴィッド・ホックニーのこんな言葉を座右の銘にして。「私はぶっ倒れるまで続けるつもりだ」

「時間は何の物差しにもならない。
1年は何の意味も持たないし、10年は無に等しい。
アーティストであるということは、
計算したりものを数えたりすることではない。
樹液をじっと内部に貯め込み、
夏は来ないかもしれないなどという余計な憂いを抱かず、
春の嵐のなかに悠然と立っている樹木のごとく
成熟していくことなのだ。
夏は必ずややってくる。
ただし夏は、目の前に永遠が広がっているかのように、
どっしりと構えている辛抱強い者にしか訪れない。
私はそのことを日々苦しみとともに学んでいる。
そして、そのことに感謝している。忍耐こそがすべてなのだ!」

ライナー・マリア・リルケ
(オーストリアの詩人)

「昔、東方のある君主が、
どのような時や場面にもふさわしく、絶対的に正しい、
心に残る文章を考えるよう賢者たちに言いつけたという。
すると賢者たちは、
"そしてこれもまた過ぎ去るであろう"
という言葉を考えた。
なんと見事な表現だろうか！
驕(おご)りにはいましめに、悩みにはなぐさめになる。
"そしてこれもまた過ぎ去るであろう"」

エイブラハム・リンカーン
（アメリカの第16代大統領）

これもまた
いつか過ぎ去る

　1つ前の章で紹介したこの世の悪魔たちは、永遠に生きつづけるわけじゃない。漫画に登場する悪者みたいに、利益のためにこの地球を切り刻み、破壊し尽くしている連中。そんな悪魔たちも、僕らと同じようにいつかはこの地球を去っていく。もちろん、僕たちを道連れにして、かもしれないけれど。それでも、みんな同じ目的地に向かっているのは間違いない。この世のものはすべて、いつか過ぎ去る。どんなものも、どんな人間も。それがいい、と僕は思う。

　僕の住んでいる家は、もう築40年以上だ。地球的な規模で考えれば、たいして古くもないけれど、僕の子どもたちがよく登る木は、ニクソン政権時代からそこにある。朝の散歩中によくおしゃべりする近所のご老人から、この家を建てた夫婦（奥さんのほう）がガー

デニング好きだったという話を聞いた。実は、僕の妻も最近ガーデニングを始めた。前の奥さんが植えた花でブーケを作っている。

家のトイレの窓から、裏庭が見渡せる。僕は用を足したくなると、書くのをいったん中断して、トイレの窓から外を眺める。妻が土を掘り、息子たちに色んな植物を見せ、食べられる植物を味見させている。その光景を眺めていると、どんなに落ち込んだ日でも、希望で胸がいっぱいになる。

ガーデニングには忍耐と注意力が必要なので、ガーデニング好きの人々には独特な時間感覚とものの見方がある。

第二次世界大戦前の数か月間は、レナード・ウルフとヴァージニア・ウルフの人生にとって最悪の時期だった。2人は「無力感と絶望感」にさいなまれながら事の成り行きを見守っていた。特に耐えがたかったのは、ラジオから聞こえてくるヒトラーの暴言だったとレナードは言う。それは「急に自分が全能だと勘違いしはじめた醜い負け犬の残酷で常軌を逸した妄言」だった。

TAKE THE LONG VIEW.

遠くを見よう。

I plant my garden because

What else can I do but fool around with time

ある日の午後、レナードがリンゴの木の下の果樹園に紫色のアヤメを植えていたときのことだった。「突然、居間の窓からヴァージニアの呼ぶ声が聞こえた」

　ヒトラーがまたラジオ演説をしていたのだ。

　でも、レナードはもうたくさんだった。

「行かない！」と彼はヴァージニアに叫び返した。「今アヤメを植えているところだから。あいつが死んだずっとあとになっても咲いているだろうよ」

　そのとおりだった。レナード・ウルフが回顧録『*Downhill All the Way*（ずっと下り坂）』で述べたように、ヒトラーが地下壕で自殺した21年後になっても、その紫色の花はリンゴの木の下の果樹園でまだ咲き誇っていた。

今、僕はこの地球上でどんな花を植えているのだろう——それはわからない。でも、きっといつか、それが何なのかを見つけ出してみせる。ぜひ君も。

　1日1日が、美しい花へと成長する可能性を秘めた種だ。落ち込んでいる暇なんてない。「私たちは生まれてきた幸運を喜ぶべきだ」と詩人のマーク・ストランドは述べた。「生まれてくる確率は天文学的に低いのだから」。自分にあと何日残されているかなんて、誰にもわからない。だから、残されている日々をムダにするのは、もったいなさすぎる。

　人生に迷ったら、この本の第1章に戻って、君自身の毎日を見つめ直そう。君の目標にちょっとでも近づけるような形で日々を満たしていくんだ。焦らず、ゆっくりと。仕事を効率的にこなす方法じゃなく、こなす価値のある仕事は何かを考えよう。一流のアーティストじゃなく、アートをする善良な市民になることを考えよう。世界に足跡を残すことじゃなく、世界を少しでもよい場所にすることを考えよう。

「こういうときにこそ、アーティストは仕事に向かわないと。
落ち込む時間も、めそめそする余地も、黙り込む必要も、
恐れる余裕もない。とにかく話し、書き、伝えるだけだ。
そうやって文明は修復していく。
確かに、世界は傷だらけで血だらけだ。
その痛みを忘れないことも大事だけれど、
その悪意に屈しないことも大事だ。
失敗と同じように、混沌には知識に通じる情報、
もっというと英知が潜んでいる。アートも同じなのだ」

トニ・モリスン
(アメリカの作家)

作りつづけよう。遊びつづけよう。描きつづけよう。見つづけよう。聴きつづけよう。考えつづけよう。夢見つづけよう。歌いつづけよう。踊りつづけよう。塗りつづけよう。彫りつづけよう。デザインしつづけよう。作曲しつづけよう。行動しつづけよう。料理しつづけよう。探しつづけよう。歩きつづけよう。探検しつづけよう。与えつづけよう。生きつづけよう。注目しつづけよう。

　常に"名詞"じゃなく"動詞"で生きつづけよう。

　そうして、前に進みつづけよう。

> "THERE IS ART LEFT TO BE MADE IN THIS WORLD."
> — ANTHONY BOURDAIN (1956–2018)

「この世界には作らなければならない
　アートがまだ残っている」

　　アンソニー・ボーディン
　　（アメリカの作家、1956〜2018年）

WHAT NOW?

さあ、何をしよう？

- ☐ **SWITCH YOUR PHONE TO AIRPLANE MODE.**
  ケータイを機内モードに切り替える。

- ☐ **DRAW UP SOME LISTS.**
  リストを作る。

- ☐ **HIRE A CHILD TO TEACH YOU TO PLAY.**
  子どもに遊び方を教わる。

- ☐ **MAKE A GIFT FOR SOMEONE.**
  誰かのために贈り物を作る。

- ☐ **TIDY UP.**
  整理する。

- ☐ **LIE DOWN FOR A NAP.**
  横になって昼寝する。

- ☐ **TAKE A LONG WALK.**
  長い散歩をする。

- ☐ **GIVE A COPY OF THIS BOOK TO SOMEONE WHO NEEDS TO READ IT.**
  この本を必要としている人にプレゼントする。

- ☐ **SIGN UP FOR MY FREE WEEKLY NEWSLETTER AT: AUSTINKLEON.COM.**
  austinkleon.com で僕の週刊メルマガに登録する。

> "BOOKS ARE MADE OUT OF BOOKS."
> 「本は本でできている」
>
> — CORMAC McCARTHY
> コーマック・マッカーシー
> (アメリカの小説家)

- HENRY DAVID THOREAU, *JOURNALS*
  ヘンリー・ソロー『ソロー日記』（彩流社）

- URSULA FRANKLIN, *THE REAL WORLD OF TECHNOLOGY*

- NEIL POSTMAN, *AMUSING OURSELVES TO DEATH*
  ニール・ポストマン『愉しみながら死んでいく』（三一書房）

- DAVID ALLEN, *GETTING THINGS DONE*
  デビッド・アレン『ストレスフリーの整理術』（二見書房）

- TOVE JANSSON, *MOOMIN*
  トーベ・ヤンソン『ムーミン』シリーズ

- ANDREW EPSTEIN, *ATTENTION EQUALS LIFE*

- LAO TZU, *TAO TE CHING*
  老子『道徳経』

- JAMES P. CARSE, *FINITE AND INFINITE GAMES*

- KERI SMITH, *THE WANDER SOCIETY*

- ALAN JACOBS, *HOW TO THINK*

THIS BOOK BEGAN ITS LIFE IN MY DIARIES...
この本は僕の日記から始まった……

"THE LAST YEAR HAS FORCED US ALL INTO POLITICS.... WE DO NOT BREATHE WELL. THERE IS INFAMY IN THE AIR... [IT] ROBS THE LANDSCAPE OF BEAUTY, and TAKES THE SUNSHINE OUT OF EVERY HOUR..."

—RALPH WALDO EMERSON, 1851

IT DOESN'T MATTER IF IT'S GOOD RIGHT NOW

IT JUST NEEDS TO EXIST

PERMISSION

YOU DO NOT NEED PERMISSION BUT IF YOU INSIST

HERE IT IS.

2017 HAS BEEN A SLOW PROCESS OF <u>DISCONNECTING</u> FROM DIGITAL LIFE AS A WAY OF <u>RECONNECTING</u> WITH LOCAL PLACES AND the <u>INTERNAL STATE</u>. <u>WALKING</u> IS the EASIEST WAY TO DROP OUT OF the ONLINE FEED AND ENGAGE all 5 ANALOG SENSES, TO SEEK OUT DISCOVERIES IN OUR EVERYDAY WORLD, AND then <u>WRITING</u>, BY HAND, ALLOWS US TO CALL FORTH WHAT IS <u>INSIDE</u> US, TO DISCOVER + RECORD.

— WAYS OF THINKING WHILE MINIMIZING DISTRACTION

they are really the same thing — discovering what's inside you...

MISTAKEN FOR VAGRANTS

I FIND IT CURIOUS THAT BOTH BEETHOVEN and BOB DYLAN WERE MISTAKEN FOR VAGRANTS AT the PEAK OF THEIR ~~POWERS~~ FAME — BEETHOVEN IN the SUBURBS OF VIENNA, and BOB DYLAN SOMEWHERE IN NEW JERSEY...

I got a flashlight out and P'Pa looked was read—

Jules at a monkey, and

he started drawing these sweet little scenes — him

people"? Sweet boys.

ZINES

IF I JUST MAKE
A ZINE a MONTH,
CAN I STAPLE
THEM TOGETHER
at the END
and CALL IT
A BOOK?

Thank you, Thank you for having

me

次の方々に感謝したい。妻のメガンに。僕の最初の読者であり、僕の最初のすべてだ。エージェントのテッド・ワインスタイン、編集者のブルース・トレーシー、そして出版社「ワークマン」の優秀なチームの方々に。特に、ダン・レイノルズ、スージー・ボロティン、ページ・エドマンズ、レベッカ・カーライル、アマンダ・ホン、ガレン・スミス、テリ・ラフィーノ、ダイアナ・グリフィン、どうもありがとう。本書を書くきっかけとなった講演の依頼をくれたアンディ・マクミランと Backerkit Bond のチームの方々、そして講演を撮影してくれたポール・サールと彼のチームの方々に。僕の友達、アーティスト仲間、遠くから見守ってくれる恩師たちに。特に、アラン・ジェイコブズ、ウェンディ・マクノートン、マット・トーマス、キオ・スターク、ジョン・T・アンガー、フランク・キメロ、ケリー・アンダーソン、クレイトン・キュービット、アン・フリードマン（記事「Not Every Hobby Is a Side Hustle」）、スティーヴン・トムリンソン、スティーヴン・バウアー（「椅子にお尻を乗せろ！」）、オリヴィア・ラング（特にレナード・ウルフのエピソード）、ブライアン・イーノ、ブライアン・ビーティ、ヴァレリー・ファウラー（第10章の「Keep Going」の標識は3人のものだ）、ライアン・ホリデイ、マリア・ポポワ、セス・ゴーディン、ジェイソン・コトキ

一、エドワード・タフティ、リーヴァイ・スタール、ローラ・ダソウ・ウォールズ（ソローの抜群の伝記）、デブ・チャクラ（アーシュラ・フランクリンを紹介してくれた）、リンダ・バリー、本当にありがとう。僕のかけがえのない読者の方々や、いつも助けてくれる聡明なメルマガ登録者のみなさんに。そして最後に、息子のオーウェンとジュールズに。君たちはいつも僕にインスピレーションをくれる世界最高のアーティストだ。

訳者あとがき

　本書は、Austin Kleon著、*Keep Going: 10 Ways to Stay Creative in Good Times and Bad*（Workman, 2019）の全訳であり、クレオン氏の著書としては3冊目の邦訳だ。

　著者の経歴については、本書のカバーの折り返しや前作までの訳者あとがきでさんざん触れられているので、ここでは省略し、著者の最近の状況について触れておこう。

　まず、私生活では、前作 *Show Your Work!* が刊行された翌年の2015年に2人目の息子ジュールズが誕生、2児のパパになった。今も妻のメガン、息子のオーウェン、ジュールズとともにテキサス州オースティンで充実した生活を送っている（ちなみに、本書159ページで後ろを向いているのがオーウェンだ）。少し前には、五大湖の1つであるエリー湖の南岸で長期の家族休暇を楽しんだらしい。

　仕事面では、今回も本作 *Keep Going* の出版を記念して、2か月間で25都市を回る大々的なツアーを敢行し、トークショーやサイン会を行なった。メディアのインタビューに出演する機会も多く、

Twitter、Instagram、ブログ、メルマガでも自身の近況や創作のアドバイスを積極的に発信するなど、多忙な毎日を送っている。

　そんな著者の最新作が、本書『クリエイティブと日課』だ。前々作『クリエイティブの授業』がクリエイティブな作品を作るための秘訣、前作『クリエイティブを共有(シェア)！』が自分の作品や仕事をみんなに公開してアピールするための秘訣を紹介した本だとすれば、本書は創作生活の浮き沈みに負けず、クリエイティブな人生を継続（keep going）するための秘訣を紹介している。作家や芸術家にかぎらず、クリエイティブな仕事に携わる人なら誰にでも役立つヒントが詰まっている。著者と同じく、10年以上フリーランス生活を続け、最悪のスランプにも陥ったことがある身としては、最初から最後まで共感させられっぱなしだった。

　さて、本作にも、背景知識がないと少しわかりづらい概念や表現があるので、この場をお借りして少し補足しておきたいと思う。

　27ページの黒塗り作品だが、「ミューズ（ムーサ）」はギリシア神話に登場する学問や芸術の女神のことで、創作のインスピレーションを与えてくれる存在とされる。「成功の８割は顔を出すかどうかで決まる」というウディ・アレンの言葉を思い出す。著者はブログで、「僕は本が自分のなかじゃなくてまわりにある気がする。僕の

仕事は、まわりにあるものをつかまえて、形にすることなんだ」と語っている。彼のそんな哲学は、「平凡＋注目＝非凡」「必要なものは最初からすべて揃っている」というメッセージにもあらわれていると思う。漫画家の楳図かずおは『わたしは真悟』で、「奇跡は誰にでも一度おきる。だがおきたことには誰も気づかない」と訴え、私たちの気づかない場所で起きている信じがたい奇跡を描き出した。

　72ページの見出しは、原文では"Creative" is not a noun.（「クリエイティブ」は名詞じゃない）となっていて、現にcreativeは名詞としても使われるのだが（本書の邦題もそうだ）、より名詞とわかりやすいよう「クリエイター」と訳した。

　第4章では、原文のgiftを「贈り物」と訳しているが、giftには「才能」の意味もある。アートに必要なのが才能（ギフト）ではなくて贈り物（ギフト）だというところが面白い。

　193ページの標識は、前々作でおなじみの"引き算の芸術"だ。"ONE WAY"（一方通行）の一部を削って"NEW"としている。

　もちろん、本書がどう刺さるかは人それぞれだと思う。ぜひみなさんも、自分なりに著者の意図を感じ取ってくれたらうれしい。

2019年7月　　　　　　　　　　　　　　　　　　　　千葉敏生

著者紹介

オースティン・クレオン（Austin Kleon）

絵を描く作家。『クリエイティブの授業』『クリエイティブを共有!』や、新聞記事の黒塗りで作った詩集『Newspaper Blackout』の作者として知られる。NYタイムズやウォール・ストリート・ジャーナルなど各種媒体で作品が取り上げられるほか、「デジタル時代の創造力」をテーマに、Pixar、Google、SXSW、TEDx、エコノミストなどで講演を行なっている。家族とともにテキサス州オースティン在住。

http://www.austinkleon.com

訳者紹介

千葉敏生（ちば・としお）

翻訳家。1979年横浜市生まれ。早稲田大学理工学部数理科学科卒業。訳書に、『クリエイティブの授業』『クリエイティブを共有!』（以上、実務教育出版）、『デザイン思考が世界を変える』『スイッチ!』（以上、早川書房）、『クリエイティブ・マインドセット』（日経BP）、『ハーバード×脳科学でわかった究極の思考法』『反脆弱性』（以上、ダイヤモンド社）、『DARPA秘史』『サッカーマティクス』（以上、光文社）などがある。

クリエイティブと日課
—— 浮き沈みから身を守り進みつづけるために

2019年8月10日　初版第1刷発行

著　者	オースティン・クレオン
訳　者	千葉敏生
発行人	小山隆之
発行所	株式会社実務教育出版
	〒163-8671　東京都新宿区新宿1-1-12
	電話　03-3355-1812（編集）
	電話　03-3355-1951（販売）
	振替　00160-0-78270
装　幀	重原隆
印　刷	シナノ印刷株式会社
製　本	東京美術紙工協業組合

©Toshio Chiba 2019　Printed in Japan
ISBN978-4-7889-0822-2　C0030
定価はカバーに表示してあります。乱丁・落丁本は本社にておとりかえいたします。

NOTES
メモ